Άποψη/ Θέση

Μία τάξη στον φεμινισμό και
τις θεωρίες του.

Από την Δρ. Σωτηρία Θεοχάρη

Πίνακας Περιεχόμενα

Collins, Αλληλεγγύη στο νου

Η αλήθεια είναι εξουσιαστικό ιερό αντικείμενο των σχολαστικών κοινωνιών, είναι τέχνη για τους λόγιους και καλλιτέχνες. Αυτές είναι οι υψηλότερες αξίες με βάση των οποίων κρίνονται όλα τα άλλα. Η κοινωνιολογία δίνει έμφαση στην προτεραιότητα του τοπικού που εισάγει η συμβολική αλληλεπίδραση και η ριζική εθνομεθοδολογία. Σαν ερευνητικές τακτικές και σαν επιστημολογία, η στάση τους έχει αναλυθεί από κοινωνιολόγους της επιστήμης που μελετούν την τοπική παραγωγή της επιστημονικής γνώσης στα εργαστήρια. Η κοινωνιολογία των ιδεών έχει όρια στο πώς κατανοεί την γνώση ως ένα ξεκάθαρα δεδομένο κατασκεύασμα. Οι κύριες ιδέες που είναι τα θέματα της πνευματικής ιστορίας είναι εκείνες που κουβαλιούνται μεταξύ περιοχών.

Εντεταμένες καταστάσεις διαχέουν το άτομο και δημιουργούν σύμβολα και αισθήματα που είναι και τα δύο το μέσο και η ενέργεια της ατομικής σκέψης και το κεφάλαιο. Το κεφάλαιο κάνει δυνατό την κατασκευή περεταίρω καταστάσεων σε μια συνεχόμενη αλυσίδα. Στην αλληλεπίδραση έχουμε τα ακόλουθα. 1. μια ομάδα από δύο τουλάχιστον ανθρώπων είναι φυσικά συνδεδεμένα. 2. Επικεντρώνουν την προσοχή τους στο ίδιο αντικείμενο η πράξη και ο καθένας γίνετε γνώστης του άλλου για να διατηρήσει προσοχή. 3. Έχουν ένα κοινό συναίσθημα ή αίσθηση. Έτσι δομείτε η προσοχή και το κοινό συναίσθημα που χτίζει κοινωνικά αποτελέσματα. 4. Η κοινή προσοχή και συναίσθημα πολλαπλασιάζεται. 5. Οι μέτοχοι αισθάνονται κομμάτι μια κοινωνικής ομάδας με υποχρεώσεις προς τους άλλους. 6. Άτομα που συμμετέχουν στην αλληλεπίδραση έχουν συναισθηματική ενέργεια σε σχέση με την ένταση της αλληλεπίδρασης.

Φεμινισμός και οι Θεωρίες του

ΜΕΣΑ ΣΤΗΝ ΚΟΙΝΩΝΙΑ, ΣΤΗΝ ΓΛΩΣΣΑ, ΣΤΗΝ ΕΙΚΟΝΑ, ΣΤΟ ΦΙΛΜ

Gayle Rubin,

Η φιλολογία για τις γυναίκες - τόσο η φεμινιστική όσο και η αντιφεμινιστική - είναι μια διαρκής αναφορά στο ερώτημα της φύσης και της γέννησης της γυναικείας καταπίεσης και της κοινωνικής καθυπόταξης.

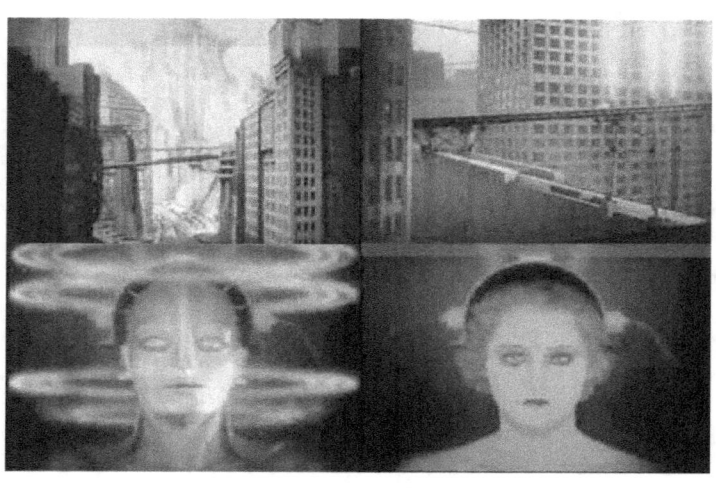

Φεμινισμός και Φεμινιστική Θεωρία

ΜΕΣΑ ΣΤΗΝ ΚΟΙΝΩΝΙΑ, ΣΤΗΝ ΓΛΩΣΣΑ, ΣΤΗΝ ΕΙΚΟΝΑ, ΣΤΟ ΦΙΛΜ

από την Δρ. Σωτηρία Θεοχάρη

Τόπος
Παρασκευή
14.30- 5.30 μμ
ΦΚΣ
ΣΚ 2 ή αίθουσα Μιχελή

Ώρες Γραφείου
Παρασκευή
11.30-14.30
ΦΚΣ

Τηλ. Κινητό
Ηλεκτρονική Διεύθυνση:
arianablue00@hotmail.com
Επιλογή επικοινωνίας email

Περίληψη Τάξεως. Η φεμινιστική θεωρία προσπαθεί να διαγνώσει την κατάσταση των γυναικών μέσα στην κοινωνία, την γλώσσα, την εικόνα, το φιλμ έτσι ώστε να θέσει τα θέματα των ως σημαντικά για την σωστή λειτουργία της κοινωνίας. Ο φεμινισμός οραματίζετε την γυναίκα ως ον ισότιμο και ισάξιο του ανδρός στην κοινωνία, και προσπαθεί να δείξει τους τρόπους με τους οποίους παραποιούνται οι αξίες των για να κατασκευαστεί η ανισότητα. Έτσι ως θεωρία διαπραγματεύεται κοινωνικά, πολιτικά, ψυχολογικά, βιολογικά/ ιατρικά, ταξικά, θεσμικά, καλλιτεχνικά φαινόμενα που προσπαθούν να ορίσουν την γυναίκα γενικότερα το γένος και τον σεξουαλικό/ γενετήσιο προσανατολισμό. Επεξεργάζεται διαπροσωπικές, νομοθετικές και θεσμικές σχέσεις γύρω από τις έννοιες της απεικόνισης, του ορισμού και προσδιορισμού της οντότητας της γυναίκας, της συνειδητοποίησης της, και τρόπου αντιμετώπισης των προβλημάτων της. Ειδικά δευτερεύοντα θέματα που θα επεξεργαστώ είναι η βία, η σεξουαλικότητα, η διαφορετικότητα, η ιστορικές και ταξικές συγκρούσεις/ συνείδηση, η επιστήμη, το κράτος, οι θεσμοί, και η τέχνη. Αυτά τα θέματα επεξεργάζονται μέσα από κείμενα και παραστάσεις φεμινιστικού περιεχομένου.

Σημειώσεις

Σημειώσεις υπάρχουν στην βιβλιοθήκη ανά βδομάδα. Επειδή τα περισσότερα κείμενα είναι στην αγγλική, βοηθάει να την έχετε σαν δεύτερη γλώσσα, θα παραδώσω βέβαια τις σημειώσεις μου στα ελληνικά για κάθε μάθημα.

Υποχρεώσεις

25% της βαθμολογίας σου είναι από τα προφορικά και την παρουσία! Δείξε το παρόν με το να διαβάζεις τις σημειώσεις και να παρουσιάζεις μια συναφή ερώτηση για επεξεργασία κατά την διάρκεια του δευτέρου στο σεμινάριο. Αν κρατήσεις συστηματικές σημειώσεις στην παράδοση και στην συζήτηση θα μπορέσεις να ανταπεξέρθεις καλύτερα στο διαγώνισμα και στις εργασίες που βαθμολογούνται.

10% της βαθμολογίας είναι η πρώτη εργασία. Χρησιμοποίησε τουλάχιστον 1000 λέξεις για να αναθεωρήσεις το φιλμ η/και ένα κομμάτι θεωρίας που θα δοθεί. Ψάχνω για ξεκάθαρες και απλές ιδέες που να είναι δικές σου για το τι ακριβώς λέει ο/η συγγραφέας ή/ και η κινηματογραφική ταινία.

15% της βαθμολογίας αποτελεί η δεύτερη εργασία. Χρησιμοποίησε τουλάχιστον 2500 λέξεις για να ορίσεις ένα θέμα που έχουμε επεξεργαστεί στην τάξη. Θα δώσω καποια λίστα όταν έρθει η στιγμή. Θέλω να επεξεργαστείς δικές σου ιδέες για το θέμα χρησιμοποιώντας ως δευτερεύον της σημειώσεις της τάξης. Επίσης Θέλω να το διερευνήσεις περεταίρω και αν θέλεις να χρησιμοποιήσεις κι ένα από τα δύο φιλμ σαν παραδείγματα.

25% της βαθμολογίας μετράει η τρίτη εργασία. Χρησιμοποίησε τουλάχιστον 3000 λέξεις για να συνθέσεις ένα θεωρητικό κείμενο και ένα η δύο φιλμ. Πώς το ένα συνδέετε και μιλάει με το άλλο η για το άλλο? Αυτό το κείμενο σου δίνει περιθώρια να συνθέσεις της ιδέες και το περιβάλλον και να κάνεις συστηματική ανάλυση/ κριτική! Δευτερεύουσα ερεύνα είναι απαραίτητη!

25% οποιαδήποτε εργασία εντός της τάξεις σαν πρόχειρο κουίζ η διαγώνισμα.

Οι εργασίες σου πρέπει να είναι τυπωμένη με διπλή σειρά και 12 πόντους χαρακτήρες, με 2.5 εκ. η 1 ίντσα περιθώρια. Η ημερομηνίες παράδοσης είναι οριστικές.

Ακαδημαϊκή Αξιοπρέπεια

Όλες οι εργασίες πρέπει να είναι αυθεντικές δηλαδή δικιά σου δουλεία. Η αντιγραφή [plagiarism] απαγορεύεται ρητά και τιμωρείται.

Πηγές

Πρέπει να παρουσιάσετε την δουλεία που χρησιμοποιήσατε σωστά με τον καθιερωμένο τρόπο για τις κοινωνικές επιστήμες. Αν δεν είστε σίγουροι συμβουλευτείτε κάποιο περιοδικό που θέλετε να δημοσιεύσετε.

Ειδικές Ανάγκες

Αν έχετε ειδικές ανάγκες παρακαλώ να μου το επισημάνετε.

Συμπεριφορά

Αναμένεται καλή συμπεριφορά μέσα στην τάξη.
Αυτό συμπεριλαμβάνει σεβασμό στους άλλους
ανθρώπους και τις απόψεις. Σημαίνει να φτάνεις
στην τάξη στην ώρα της και προετοιμασμένος/η.
Όλες οι ηλεκτρονικές συσκευές και οι συσκευές
κινητής τηλεφωνίας απαγορεύονται. Επιτρέπονται
οι φορητοί υπολογιστές σε μερικές περιπτώσεις
ή ανάγκες.

Μαθησιακοί Στόχοι
Αυτή η τάξη είναι εντατική στο διάβασμα και
στο γράψιμο. Ο στόχος είναι να βοηθήσει τους
μαθητές να μάθουν πώς να επεξεργαστούνε
κριτικά δύσκολα κείμενα, να συνοψίσουνε
θέσεις, να ερευνήσουνε συγγραφείς και την
εποχή που διαμόρφωσαν τα κείμενα τους, να
στηρίξουν και να ξεκαθαρίζουν απόψεις, και
τελικά να συνθέσουν ερεύνα με πειστικό τρόπο.
Το επίκεντρο θα είναι στην σύζευξη εμπειρικού,
θεωρητικού και εικονικού περιεχομένου.

Προσθαφαίρεση τάξης
Η πολιτική του τμήματος και του πανεπιστημίου
θα ακολουθηθεί ρητά.

<u>*Εβδομάδα Ένα*</u>
<u>*26/9/08*</u>

<u>*Φεμινιστικό Κίνημα και Γυναικεία Ύπαρξη*</u>

<u>*Μέρος Ένα*</u>   <u>*Κλασσικές*</u>
<u>*Φεμινίστριες και Φεμινισμός*</u>

De Beauvoir. *Second Sex*. <u>Myth of Woman in</u>
   <u>Five authors</u>; <u>Myth and Reality</u>. pp 199-266.
   [Το δεύτερο φύλλο].

Hanna Arendt. *The origins of Totalitarianism*,
   <u>A Classless Society</u>; <u>Totalitarian Movement</u>;
   <u>Totalitarianism in Power</u>; <u>Ideology and</u>
   <u>Terror</u>. pp305-483. [«Οι Πηγές του
   ΟΛΟΚΛΗΡΩΤΙΣΜΟΥ»]

Βοηθητικό

Julia Kristeva. ***Χάννα Αρέντ: Η γυναικεία***
   ευφυΐα. μετ. Τάσος Μπέτζελος εκδ. Κέδρος .

<u>*Μέρος Δύο:*</u>   <u>*Film Hiroshima*</u>
<u>*Mon Amour, Alain Resnais.*</u>

Duras, M. *Hiroshima Mon Amour. Galimard, 1960.*
   «ΧΙΡΟΣΙΜΑ ΑΓΑΠΗ ΜΟΥ» (σενάριο, 1959/ 60)

Γλώσσα, Απεικόνιση, Διαφορετικότητα

Μέρος Ένα   _Γυναίκες_
και Γλώσσα

Rubin, Gayle. 'Trafic in women: Notes on the Political Economy of Sex'

Kristeva. 'Stabat Mother, The paradox: Mother or Primary Narcissism.'
Cixous. 'Castration / decapitation'; Signs, Vol. 7, No. 1 (Autumn, 1981), pp. 36-40

Βοηθητικό

Δημήτρη Δημούλη   _Σκέψεις για τα έμφυλα_
υποκείμενα στις αστικές κοινωνίες.

Μέρος Δύο   _Γυναίκες,_
Απεικόνιση, Διαφορετικότητα

Wittig. 'One is not born a woman' and   'The straight mind'
Irigaray. 'The sex which is not one'
Teresa de Lauretis. 'Rethinking women's Cinema.' Technologies of Gender. Pp. 127-148.

Βιολογία: Προσοχή Ύπαρξη Υπό κατασκευή

Μέρος Ένα   Ουσιώδες και Υπό
κατασκευή Ύπαρξη/ Υποκείμενο

Joan Scott. 'Gender a Useful Category of
   Historical Analysis'

Hartsock.   'The   Feminist   Standpoint:
   Developing the Ground for a specifically
   Feminist Historical Materialism'

Butler   Judith   and   Joan   W.   Scott.
   'Contingent   Foundations: Feminists
   theorize the political.'

Βοηθητικό

Αθηνά Αθανασίου   *Γυναίκες και Φύλλα.*
Ανθρωπολογικές και Ιστορικές Προσεγγίσεις

Μέρος Δύο   Υποκείμενα
και Σώματα ως Άλλο, ως Αντικείμενα

Donna Haraway. *The Companion Species
Manifesto.*

_____.   'A Manifesto for Cyborgs: Science
Technology and Socialist Feminism in the 1980s
'

Παραδώστε Εργασία Ένα

Βοηθητικό

Radcliff Hall. *The well of loneliness.*   'Το
Πηγάδι της Μοναξιάς'

Εβδομάδα Τέσσερα
17/10/08

Ψυχές και Εξουσία

Μέρος Ένα   *Φιλοσοφία και Γυναίκα*

Elizabeth Grosz. 'Sexual Difference and the Problem of Essentialism'

Butler. 'Subjects of Sex/ Gender/ Desire'' in *Gender Trouble*.

Harding. 'Standpoint Epistemology (a Feminist version): How Social Disadvantage Creates Epistemic Advantage.'

Μέρος Δυο   *Ψυχανάλυση και Γυναίκα*

Mitchel, Juliet. Psychoanalysis and Feminism.

Kristeva. 'The subject in Signifying Practice.' In the Portable Kristeva. 27-135

Butler."Prohibition; Psychoanalysis and the Production of the heterosexual Matrix" in *Gender Trouble*

Εβδομάδα Πέντε
24/10/08

Άποψη και Κοινωνία

Μέρος Ένα   *Άποψη και Γνώση*

Sojourner Truth. 'Ain't I A Woman'

Patricial Hill Collins. 'Towards the Politics of Empowerment; in black feminist thought

Anzaldua 'La concienca de la mestiza: towards a new consciousness'

Cixous. 'The Laugh of the Medusa.' Signs, Vol. 1, No. 4 (Summer, 1976), pp. 875-893

Μέρος Δύο   *Επιστήμη*   *και Κοινωνιολογία*

Haraway. 'Gender for a Marxist Dictionary.'

Haraway. 'Situated Knowledges: The Science question and the Privilage of Partial perspective.'

Logino and Hammonds. 'Conflicts and Tensions in the Feminist Study of Gender and Science'

Εβδομάδα Έξη
31/10/08

Βία και Σεξουαλικότητα

Μέρος Ένα   *Κατάσταση βίας και σεξουαλικότητας*

Rubin. Thinking Sex: Notes on a Radical Theory of the Politics of Sexuality.

Mackinnon. 'Sexuality.'

Gilligan. 'Women's Place in Man's Life Cycle.'

Μέρος δυο   *Ακτιβισμός*
Εικόνες Βίας και σεξουαλικότητας

Eve Ensler. Film: Vagina Monologues. Αιδοίων Μονόλογοι. Text and Film.

Smith, V. 'Split Affinities: The Case of Interracial Rape'

Εβδομάδα Επτά
14/11/08
Ταξικά Στρώματα και Ισότητα

Μέρος Ένα   *Γυναίκα και Ισότητα*
Cott. Historical Perspectives: The equal rights amendment. Conflict in the 1920s.

Williams. The equality crisis: Some Reflections on
Culture, Courts and Feminism.

Scott. 'Deconstructing Equality versus
    Difference or the Use of Post-Structuralist
    theory for Feminism.

Μέρος Δύο   *Γυναίκα, Δουλεία,*
Οικονομία
Barrett. Capitalism and Women's Liberation.

Heidi Hartman. The unhappy marriage of Marxism and Feminism.

Nicolson. Feminism and Marx.

Παραδώστε Εργασία Δύο

Εβδομάδα Οκτώ ....
.... *28/11/08*

Καταστροφή, Τρομοκρατία, Πόλεμος

Μέρος ένα   Γυναίκα και
Καταστροφή/ Κρίση

Roddey Reid. 'Death of the family,' or keeping Human beings Human.

Eric White. "Once they were men, now they're
    landcrabs": Monstrous Becomings in
    Evolutionist Cinema.

Mason. 'Terminating Bodies: Towards a Cyborg History of Abortion"

Μέρος δύο   Γυναίκα και
πόλεμος, τρομοκρατία

Wittig. 'Les guerriers'
Cassin. 'Speak if you are a Man, or the
Transcendental Exclusion'
Jean Marie Apostolides. Theater and terror: Le
judgment Dernier des rois.

Εβδομάδα Εννέα ....
.... *7/11/08*

Κράτος Νόμος Δίκαιο

Μέρος Ένα   *Γυναίκα,*
Νόμοι, και Κράτος

Cathrin Makinnon. 'The state'; 'Feminist Jurisprudence.' 155-236; 237-250.

Wendy Brown. 'Finding the Man in the State'

Drusilla Cornell. 'What is ethical Feminism?'

Μέρος Δύο   *Δικαιοσύνη και*
Εγκληματικότητα

Angela Davis. *Are Prison's Obsolete?*

Griggers. 'Phantom and Reel Projections: Lesbians and Serial Killing Machine.'

Εβδομάδα Δέκα ————————————————————————————
——————**21/11/08**
Σπίτι, Τόπος Πόλη, Χώρος, Κράτος, Κόσμος

Μέρος ένα

Audre Lorde. The Master's Tools Will never
    Dismantle the Master's House.

Norma Claire Moryzzi. 'National Abjects: Julia
    Kristeva on the Process of political Self-
    Identification.'

Cheung, King-Kok. 'The woman Warrior versus
    the Chinaman Pacific: Must a Chinese
    American Critic Choose between Feminism and
    Heroism.'

Acker. 'The end of the World of White Men'

Μέρος δύο   φιλμ Metropolis
[Μετρόπολις] Λανγ.

Εβδομάδα Έντεκα
5/12/08
Παγκοσμιοποίηση και Θεσμοί
Μέρος ένα   *Γυναίκα και*
Θεσμοί
Strathern. Analogies for a Plural Culture.
Smith. 'Women's Experience as a Radical
Critique in Sociology'
Douglas. 'How Institutions Think';
'Statistical Persons'

Μέρος Δύο   *Παγκοσμιοποίηση*
Godelier, Maurice. 'Is the west the Universal
    Model for Humanity? The Baruya of New
    Guinea Between Change and Decay.'

Saskia Sassen. Spatialities and Temporalities
    of the Global: Elements for a theorization.

Mohanty. Introduction: Cartographies of
    Struggle Third World Women and the Politics
    of Feminism

Εβδομάδα Δώδεκα
12/12/08
Ανθρώπινες Σχέσης

Μέρος ένα   *σχέση με το*
άλλο, σχέση με τον ίδιο.

Butler Judith. 'Imitation and gender insubordination'

Chodorow. 'The psychodynamics of the Family'

Μέρος δύο   *Βλέμμα, ματιά*
Norma Alacon. 'Theoretical Subjects of *This Bridge Called my Back* and Anglo-American Feminism.'

Freccero. 'Notes from a Post-sex wars Theorizer'

Παραδώσετε Εργασία Τρία

*Εβδομάδα Δεκατρία*_ _ _ _ _ _ _ _ _ _ _ _ _ _ _ _
_ _ _ _ _*19/12/08*

Θρησκεία, Μεταμοντερνισμός και Γυναίκα

Μέρος Ένα   Θρησκεία και
Πρότυπα Ανθρώπων και Θεοτήτων.

Ling Ursula. 'Introduction: Gender and the Study of Religion'

Morny Joy. 'God and Gender: Some Reflections on Women's Invocations of the Divine.'

Naomi Goldenberg. 'The Return of the Goddess: Psychoanalytic Reflections on the Shift from Theology to Thealogy'

Sherry B. Ortner, Is female to Male as Nature is to Culture?

Judith Butler. 'Contingent Foundations:
    Feminism and the Question of Postmodernism'

Janet Jacobs. 'Gender and Power in New
    Religious Movements: A feminist Discourse
    on the Scientific Study of Religion'

Linda Hass 'Of Waters and Women: The
    Philosophy of Luce Irigaray'

Παράδοση Ένα

Κλασσικός Φεμινισμός (De Beauvoir και Arevdt)

Από την Δρ. Σωτηρία Θεοχάρη

Ύπαρξη και Κατάσταση Γυναικών

Τι είναι Γυναίκα; Πως και που υπάρχει; Πως αναγνωρίζετε και ονομάζετε; Ποιος είναι ο μύθος της ύπαρξης της; Τι είναι η βία που γνωρίζει; Υπάρχει γυναίκα έξω από την βία του άντρα;

Από τον χριστιανισμό η Γυναίκα έχει θεωρηθεί ως δευτερεύον ον. Πρώτα ο Αδάμ και μετά η Εύα. Και να μην δεχτείς την μυθοποιία της Γέννησης, έρχεσαι αντιμέτωπη με τον μύθο της ως βασικό τουβλάκι στον δυτικό πολιτισμό. Με το ερώτημα, 'τι είναι η γυναίκα?', έρχεσαι μπροστά στον ορισμό της (με τις διαστάσεις και τα μεγέθη του) ως ανθρώπινο ων, στα χαρακτηριστικά της όπως έχουν αναγνωριστεί (θηλυκά, αρσενικά), στην παρουσίαση τους (καθημερινά, στις εικόνες, στο φιλμ, στην τυποποίηση και κατανάλωση τους, στην αισθητική τους), στην βιολογία της, στην φιλοσοφία της ύπαρξη, στον κοινωνικό προσδιορισμό και θεσμοθέτηση της ως ον, στην προστασία και τις φυσικές ικανότητες της, ακόμα και στους πολλαπλούς ρόλους που έρχεται να παίξει στην κοινωνία!

Που και πώς μετράνε οι διαφορές ανδρός/ γυναικός, ομοφυλόφιλου/ ετερόφυλου, όμοιος/ παράτυπος, τράνς-σέξουαλ/ όμοιο-σέξουαλ (εδώ για να ορίσουμε και την διαφορά που προστίθεται όταν κάποιος μετακινείται από το φυσικό του στο πιο φυσικό του γένος έως μέχρι και στο αντίθετο όπως γίνετε ιατρικά εφικτό.) Η ιατρική, η κοινωνία, οι καθημερινές σχέσεις μέσα στην οικογένεια, μέσα από την ερωτική σχέση με το άλλο και την ανταγωνιστική σχέση με το ίδιο ερχόμαστε να ορίσουμε, να οριοθετήσουμε και να θεσμοθετήσουμε την γυναικεία ύπαρξη, την κανονική κατάσταση της και την σχέση της με τον άντρα. Το παλιό προνόμιο του να μην διερωτάσαι 'τι είναι να είσαι άνδρας' και 'πώς να συμπεριφέρεσαι' είναι πιο δύσκολο στην εποχή μας. Αυτή η αυτό-επεξεργασία είναι εφικτή και επιθυμητή στο πρώτο μέρος του 21^{ου} αιώνα. Η γυναίκα έχει ανάγκες και μετράνε. Ο άνδρας δεν είναι κύριος ή πρωτεύον στην σχέση και αυτό ανοίγει περιθώρια για καλύτερες και πιο ίσες σχέσεις μεταξύ των φύλων, μέσα στο πλαίσιο των νόμων.

Ας ξεκινήσουμε από την De Beauvoir και το *'Δεύτερο Γένος'* και να πάμε μετά στην Arendt *'Πηγές του Ολοκληρωτισμού'* για να προσδιορίσουμε πως οι Μεταπολεμικές και πρώτο-μοντέρνες φεμινίστριες (η μια Γαλλίδα η άλλη Εβραία/ Γερμανίδα/ Αμερικάνα), (η μια Υπαρξιστής, η άλλη Πολιτικός Φιλόσοφος) οραματίστηκαν την γυναίκα, την κατάσταση της και την εποχή τους. Μετά θα δούμε την φανταστική και ερωτική μεταπολεμική ταινία *Hiroshima, Mon Amour,* που έγραψε η Margarite Duras (γαλλίδα συγγραφέας και φεμινίστρια) για τα επακόλουθα του δεύτερου Παγκοσμίου πολέμου, για την σχέση μιας Γαλλίδας ηθοποιού και ενός Γιαπωνέζου αρχιτέκτονα στο Nagasaki. Η ταινία παίρνει μέρος μετά την πτώση της πυρηνικής βόμβας.

Το Δευτερεύον, Δεύτερο, Επακόλουθο, Παράγωγο Γένος?

Η de Beauvoir, δημοσίευσε το 'Δεύτερο Γένος' το 1949 (αγγλική μετάφραση 1984). Σε μια αναίρεση των φυσικών βιολογικών δεδομένων ότι η γυναίκα γεννάει, εξιστορεί το πως οι άνδρες στην φιλοσοφία και στην Θρησκευτική/ μεταφυσική διάσταση τους είδανε τον εαυτό τους να δίνει ζωή στο δεύτερο τους μισό, ο Αδάμ στην Εύα… Ενώ ο Θεός ποίησε τον Αδάμ πρώτα. (Αριστοτέλης, Άγιος Θωμάς, Γέννηση) Έτσι η γυναίκα θεωρείτε δευτερεύον ον, και καθώς δευτερεύον συνεπάγετε ότι είναι ημιτελής και όχι τόσο τέλεια όσο ο άνδρας ούτε τόσο κοντά στο Θεό. Έτσι η ανθρωπότητα με βάση την Χριστιανική Ηθική είναι κατά βάση γεννημένη ως ανδρική. Όταν λες έπραξε κάποιος ανθρώπινα, το καλό του ανθρώπινου συνήθως θεωρείτο ότι έπραξε, αντρίκια, ή με μπέσα, δηλαδή σαν άνδρας. Στην Ελλάδα βέβαια θα ακούσεις και το έπραξε κάποιος με κότσια, με κουράγιο και υπομονή, γιατί το ιερό, το πνεύμα δεν έχει γένος, είναι ουδέτερο. Σπάνια θα ακούσεις έπραξε σωστά και φρόνιμα σαν γυναίκα...

Συνήθως το φρονιμότερο και δραματικότερο μέρος της γυναικείας ύπαρξης δίνεται στο ρόλο της μάνας, ακόμα και της Μάνας Μειδία. Έπραξε ως μάνα! Υπάρχει και ο ρόλος της Αντιγόνης, της γυναικείας φωνής που δεν φρονίμεψε αλλά τηρεί, από τα διλλήματα που αντιμετωπίζει και την αποτυχία ανδρών, τον νόμο (το σωστό) για το καλό τις πόλις. Πάντως, αν θα παντρευότανε η Αντιγόνη ή όχι, αν θα ζούσε ή όχι, δεν σήμαινε ότι ο Κρέοντας θα είχε πιο εύκολο έργο να διατηρήσει τον θρόνο. Δηλαδή υπάρχουν και υπήρξαν γυναίκες που έπραξαν και είχαν ρόλο αλλά δεν ήταν δεσμευμένες όπως και να έχουν χαρακτηριστεί.

Κάποιος/ κάποια πρέπει να είναι δευτερεύον και κάποιος/ κάποια πρωτεύον.

Τώρα πολύ μελάνι έχει χρησιμοποιηθεί για να προσδιοριστεί η γυναίκα ως δευτερεύον και ημιτελές άντρας... (Υπάρχει μια ανασκόπηση του προβλήματος από την αρχαία Ελλάδα ως τον Freud Του Thomas Lacquer *Thinking Sex body and Gender From Greeks To Feud*) . Ο Καθηγητής στην Ιστορία στο Βέρκελεη, αναγνώρισε ότι υπάρχουν δύο μοντέλα. Το ένα είναι ότι ήμαστε ένα ανθρώπινο είδος με ένα γένος το ανδρικό, την γυναίκα ως δευτερεύον η ημιτελής άντρας και ένα πιο καινούργιο μοντέλο τις επιστήμης όπου το ανθρώπινο είδος είναι είδη διμελές δηλαδή έχει ως κύριο συστατικό του τον άνδρα και την γυναίκα. Έτσι έχουν δείξει τα βιολογικά στοιχεία. Βέβαια υπάρχουν και υποθέσεις για το αντίθετο ότι το παρακλάδι του ανθρώπινου γένους έχει βάσει στην παρθένο-γέννηση δηλαδή γενεά από γυναίκα σε άντρα. Όπως και να έχει η ακριβής πηγή της ανθρωπότητας αυτό δεν στερεί την γυναίκα το δικαίωμα στην ύπαρξη όποιες και να είναι η πραγματικές και πλασματικές δυνατότητες της.

Η έννοια δεύτερο γένος στην De Beauvoir έχει πολεμική στάση. Εκείνη προσπαθεί να διαφωτίσει την κατάσταση των γυναικών ως την η κατάσταση του Αφρικανού η του Εβραίου, δηλαδή ως θύμα μιας ιδεολογίας που πάσχει από πραγματικά στοιχεία και δημιουργεί κακουργήματα στο βωμό μιας υπερτερότητας μη εφικτής και μη ανθρώπινης. Δηλαδή λέει ότι το δεύτερο του δεύτερου γένους είναι κοινωνικά κατασκευασμένο και αυτό οδηγεί σε υπαρξιακά προβλήματα για της γυναίκες που πρέπει να μάθουν να είναι μητέρες, σύντροφοι, νύφες, αδερφές, κόρες για να αντιμετωπίσουν και εκείνες τις ιδέες των ανδρών για εκείνες, τον μύθο της γυναικείας ύπαρξης δηλαδή.

Το δεύτερο γένος, είναι η πρώτο-φεμινιστική δουλεία που όρισε τους παραμέτρους του δεύτερου κύματος του φεμινισμού. Η de Beauvoir, άσκησε κριτική στην λογοτεχνική και φιλοσοφική δουλεία της ως ποιο γενική και όχι ειδική πάνω στην γυναικεία κατάσταση. Το *Δεύτερο Γένος* μιλάει για και απευθύνεται σε συγκριμένες καταστάσεις και εμπειρίες πραγματικών γυναικών. Πριν το έργο της de Beauvoir βασιζότανε ναι μεν στην προσωπική της εμπειρία ήταν και αυτοβιογραφικό αλλά ήταν και λογοτεχνικό/ φιλοσοφικό. Διερωτόταν για της ηθικές διαστάσεις των αδιεξόδων μέσα στις ανθρώπινες σχέσεις.

Η de Beauvoir αναλύει την γυναίκα ως άλλο, ως μια κατηγορία που σαν άλλο έδωσε άλλοθι στην αντρική βία. Οι άνδρες μερικές φορές γενικεύουν, η γυναίκα μου... η γυναίκα σου... παρόμοια κατάσταση άνδρας/ άνδρας ανεξαρτήτου κουλτούρας. Στην γενίκευση κτίζεται η φιλία, το εμπόριο... η αδελφότητα των λαών και η πιο παγκόσμια ανθρωπότητα. Σπάνια βλέπεις γυναίκα να διήκει συναλλαγές και να κυκλοφορεί, να κάνει σχέσεις και να μην δίδετε ως δώρο Συναλλαγής. (Βλέπε Marilyn Strathern, *Gender of the Gift*... Levi Straus, *Elementary Structures of Kinship*.) Αυτό, η γενίκευση της ανθρωπότητας ως αντρική και ως περεταίρω η δευτερεύον ως ανθρώπινη, και για το Δεύτερο κύμα ως καθαρά ετεροφυλική, δείχνει πως μια πατριαρχική ιδεολογία αντρικής υπερτερότητας ορίζει και οργανώνει το σύστημα ανισότητας που εκμεταλλεύεστε την φυσική διαφορά άντρα/ γυναίκα, άσπρου/ μαύρου, έχον/ μη έχον για να ορίσει τις δεύτερες κατηγορίες ως

ελλειμματικές. Η de Beauvoir βρίσκει ανήθικη

την εκμετάλλευσης της φυσικής διαφοράς αντρών

και γυναικών. Βρίσκει επίσης πως η διαφορά

υπάρχει απλά γιατί υπάρχει αντρική βία και

διαφθορά στην εξιστόρηση αυτής της διαφοράς.

Έτσι η de Beauvoir γράφει την φράση 'δεν γεννιέσαι γυναίκα, γίνεσαι.' Πως γίνεσαι γυναίκα έχει να κάνει μερικώς με την φυσική σου διάπλαση/ χαρακτηριστικά, έχει όμως να κάνει και με την κοινωνικοποίηση σου, την κοινωνική σου κατάσταση και τις σχέσεις σου με άλλους. Για να φτάσει σε αυτό το συμπέρασμα, η de Beauvoir επεξεργάζεται φαινομενολογικά την εμπειρία τον γυναικών. Μετά από αύτη την επεξεργασία τίθενται ερωτηματικά για την φαινομενολογική ύπαρξη της γυναίκας ως κατηγορία. Αυτά τα ερωτηματικά απασχολούν το δεύτερο κύμα του φεμινισμού και της φιλοσοφικές ρίζες της κατηγορίας των γυναικών έξω από την βία των ανδρών. (Δες Butler, 'Contingent Foundations', και Heinamaa, S. 'What is a Woman? Butler and Beauvoir on the Foundations of Sexual Difference')

Ένα από τα κυρία ερωτήματα της De Beauvoir για τις σχέσεις άντρα με άντρα, γυναίκα με γυναίκα, και άντρα με γυναίκα (πιο γενικά γένος 1/2 με γένος 1/2 και να προσθέσουμε ως μετά-μοντέρνες γένος 3, 4, 5 κτλ στο μεταξύ σε όλες τις βαθμίδες από ανδρόγυνη/ος, τρανς-γένος/η, έως τρανς-σεξουαλικός/ κη) είναι να βασίζονται στην αξία τις ελευθερίας όπως την έχει επεξεργαστεί. Για να ελευθερωθεί η γυναίκα η πρέπει να γίνει ανεξάρτητη από την ιδέα ότι η ανεξαρτησία και η ελευθερία είναι αντρική και αντρικό προνόμιο. Δεύτερον πρέπει να κοινωνικοποιηθεί διαφορετικά. Πρέπει να κοινωνικοποιηθεί με την ιδέα του ρίσκου και θυσίας για τον εαυτό τις/ τις ιδέες τις, τα ιδανικά τις. Δεν πιστεύει ότι οι άντρες θα συνεχίσουν να έχουν κακή θέληση για την κατάσταση των γυναικών και ότι θα υπάρξει πόλεμος μεταξύ των φύλλων.

*Η σχέση με το άλλο δεν πρέπει απαραίτητα να
είναι βίαιη*

Η de Beauvoir πιστεύει ότι η ηθική και συνειδητή ελευθερία είναι στοιχεία που φέρνουν την γυναίκα μπρος στην απελευθέρωση. Ο μύθος της γυναίκειας οντότητας ως δευτερεύον ον όπως έχει βιωθεί καθημερινά πρέπει να αντιμετωπιστεί. Όπως πρέπει να αντιμετωπιστούν τα οικονομικά και πολιτικά δρώμενα για να μπορούμε να φτάσουμε στον στόχο της πραγματικής απελευθέρωσης. Αυτή η απελευθέρωση δεν είναι η δημιουργία και ο ασπασμός ενός ανδρόγυνου όντος. Αλλά ο ασπασμός της διαφοράς μεταξύ ανδρός και γυναικός μέσα στα πλαίσια του πως έχει βιωθεί αυτή η διαφορά. Αυτή η διαφορά δεν πρέπει να γίνει απαραίτητη προϋπόθεση για την κατασκευή του υποκειμένου και την σχέση του με το ανούσιο άλλο.

Ο τελικός στόχος της γυναικείας απελευθέρωσης είναι η ελεύθερη και συνειδητή συνύπαρξη όπου ο αμοιβαίος σεβασμός υπάρχει μέσα στην έτερο-φιλική ερωτική σχέση. Ως εραστές, τα δύο φύλλα, μοιράζονται μια σχέση που δεν έχει εχθρότητα. Γιατί ως εραστές μοιράζονται ο ένας τον άλλο ως αντικείμενο και υποκείμενο πόθου και όχι σαν θεσμοθετημένα άτομα... ανήρ/ γυνή. Ο καθένας γνωρίζει τον άλλο, αντικρίζει το βλέμμα του άλλου, το πνεύμα του άλλου ως ανθρώπινα όντα αναμειγμένα στο σύμπλεγμα της ύπαρξης. Αυτό το σύμπλεγμα της ύπαρξης που είναι και τίτλος βιβλίου της de Beauvoir χαρακτηρίζετε από μια υπαρξιακή ελπίδα στον ορίζοντα και στην πιθανότητα του μέλλοντος να είναι καλύτερο. Το αποτέλεσμα είναι ένας ανθρωπισμός που δεν ασπάζεται τον Θεό η το Θείο και την Ανθρωπότητα (Α κεφαλαίο) ως πηγή καλού χωρίς τον νόμο. Πιστεύει ότι ιδέες που οδηγούνε σε άνομη ανοργάνωτη κοινωνία είτε την λένε την εποχή του Προφήτη είτε την λένε αναρχία δίνουν ουτοπικά πλαίσια για την ανθρώπινη πράξη, την αποτελεσματικότητα της, και την νοημοσύνη της και μας ζητά να θυσιάσουμε το τώρα για ένα ανύπαρκτο αύριο.

Ολοκληρωτισμός, Τρομοκρατία, Βία

Η Arendt δημοσίευσε τις 'Πηγές του ολοκληρωτισμού,' η 'το Ολοκληρωτικό Σύστημα' στην Ελληνική του μετάφραση, το 1951/ 1988. Το βιβλίο επεξεργάστηκε την απήχηση των ολοκληρωτικών καθεστώτων τις εποχής της. Αυτό το πολιτικό κακό ήταν βασισμένο στην δημιουργία νέων πολιτικών ιδεολογιών βασισμένων από την μια μεριά στον Δαρβίνο και την θεωρία της εξέλιξης (Γερμανία) από την άλλη στον Μαρξ και την θεωρία των ταξικών συγκρούσεων (Σοβιετική Ένωση/ Ρωσία).

Αυτές οι ιδεολογίες πήραν ολοκληρωτικό χαρακτήρα όταν χρησιμοποίησαν την τρομοκρατία για την επιβολή ιδεολογικών επεμβάσεων. Αν οι παλιές τυραννίες χρησιμοποιούσαν την βία ως εργαλείο για να κρατήσουν την εξουσία, τα μοντέρνα ολοκληρωτικά καθεστώτα δεν είχαν στρατηγική λογική στον χειρισμό της βίας. Η τρομοκρατία έγινε τότε πολιτικός στόχος που θα ανύψωνε από την μια την Άρια φυλή στην ιστορική της θέση και από την άλλη θα έφτανε το τέλος της αστικής ιστορίας με την επικράτηση του Προλεταριακού κόμματος. Το κόμμα υποστήριζε ότι όλοι οι άνθρωποι θα αναγνώριζαν και θα βιώνανε πολιτικά την μια πραγματική τους κατάσταση χωρίς ταξικούς διαχωρισμούς!

Τα ολοκληρωτικά καθεστώτα μπόρεσαν να επηρεάσουν τόσους ανθρώπους γιατί υπήρχε τρομερή οικονομική κρίση ως αποτέλεσμα του Πρώτου Παγκόσμιου πολέμου και της Πτώχευσης που ακολούθησε! Σε αυτή τη κρίση ξεκάθαρες απλές ιδέες βρήκαν απήχηση. Τα ολοκληρωτικά κινήματα είχαν απλές λύσης, οι άνθρωποι δεν είχαν χρόνο για πολιτικό πλουραλισμό και δημοκρατικές διαδικασίες. Βασίστηκαν σε Ηγέτες με προσωπικότητα!   Το αποτέλεσμα ήταν το μοντέρνο πάθος του δεύτερου παγκοσμίου πολέμου και την δημιουργία του Σοβιετικού Μπλόκου. Στην Δύση ο καπιταλισμός παρέμεινε πλουραλιστικός και δημοκρατικός και για αυτό επιβίωσε.

Ιδεολογία, Ιστορία, Λογική, Λόγος, Νόμος

Η Arendt λέει ότι,

'Η ολοκληρωτική πολιτική δεν αντικαθιστά ένα νομικό σώμα με ένα άλλο. Δεν θεσμοποιεί το δικό της *consensus juris*, δεν δημιουργεί μια νέα μορφή νομιμότητας μέσα από μια επανάσταση. Η περιφρόνηση της για όλους, ακόμα και τους δικούς της, θετικούς νόμους, σημαίνει ότι πιστεύει πως δεν έχει ανάγκη το *consensus juris*, χωρίς παρ' όλ' αυτά να φτάνει στην έλλειψη νόμων, στην αυθαιρεσία και το φόβο που χαρακτηρίζουν την τυραννία. Μπορεί να κάνει χωρίς *consensus juris*, επειδή υπόσχεται τη δικαιοσύνη στην γη, επειδή ισχυρίζεται ότι κάνει το ανθρώπινο είδος ενσάρκωση του νόμου.

Αυτή η αφέλεια των ολοκληρωτικών καθεστώτων για την πολιτική δράση του ανθρώπου είναι παραδειγματική. Τα γεγονότα τότε βιώνονται σε κίνηση. Ο υπεράνθρωπος, ως εργαλείο, ή/και το υπέρ-κόμμα, ως συλλογική και αλάνθαστη πηγή συνείδησης. Το κόμμα και/ η ο υπέρ-άνθρωπος γίνονται ενσάρκωση της Ιστορίας. Δεν χρειάζονται λανθάνουσες ή λανθασμένες και μη παραγωγικές συλλογικές διαδικασίες και διάλογοι του πολιτικού βίου! Δυστυχώς ούτε Φύση ούτε η Ιστορία υπήρξε αλάνθαστη πηγή νόμων.

Ο στόχος του ολοκληρωτισμού να παρασύρει όλους στο δυναμικό είτε της *Φυσική Εξέλιξης*, είτε της Ιστορίας της *Σύγκρουσης των Τάξεων* ήταν αδίστακτη, αιματηρή και τρομακτική! Ως αδίσταχτες ολοκληρωτικές ιδεολογίες επηρεάστηκαν από επιστημονικά και φιλοσοφικά συμπεράσματα που τα πακετάρανε με μια στεγνή απλή λογική. Αν είμαστε ζώα τότε η ανώτερη φυλή πρέπει να επικρατήσει. Αν ανήκουμε σε τάξεις λόγο ανισοτήτων, τότε μια κοινωνία χωρίς τάξης πρέπει να είναι το επακόλουθο τις πολιτικής αφύπνισης. Τελεία και παύλα. Η ιδεολογία αν δεν είναι ολοκληρωτική δεν είναι τίποτα άλλο από την πραγματική ιστορία μιας ιδέας, το πως επηρέασε τον κόσμο, πως επηρέασε την γενεά ανθρώπων, θεσμών και νόμων, το πως εντέλει έγινε ζωή.

Γέννα, Γενιά, Ύπαρξη

Ο τροχός της ιστορίας κινείται από γενεά σε γενεά. Η γέννα είναι ο πραγματικά κομμάτι από τον τροχό της ιστορίας: Η γέννα ενός ανθρώπου, η γέννα μιας ιδέας, η γέννα ενός γιατρού, δικηγόρου, δικαστή, μηχανικού, καταστηματάρχη, γεωργού, γενικότερα μιας γενεάς πραγμάτων, συγκυριών, συνθηκών, ο καθημερινός βιος (δουλεία, εργασία, πράξη κοινωνική/ πολιτική). Η γενιά του πολέμου ήταν κορεσμένη από χαμένα ιδανικά. Ήταν αποφασισμένη να δει να καταρρέουν οι πνευματικοί ηγέτες που είχαν φέρει τον κόσμο σε αδιέξοδο και αποξένωση. Έτσι η μαζικότητα χωρίς σύνορα είχε χώρο να δράσει να έρθει σε αντί-διάσταση κι αντίδραση με την αδύναμη ηγεσία που δεν αντικατόπτριζε την σκληρότητα της εποχής.

Έτσι το 'τι είσαι όταν πτωχεύεις' είναι δύσκολη απάντηση. Είσαι αυτό που φαίνεσαι? Το άθροισμα των ιδιοτήτων σου? Αυτό που κάνεις? Που έχεις κατορθώσει? Είσαι η ζωή σου ως σύνολο? Είσαι ο άθλος του βίου σου? Είσαι μέσα από τα παιδία σου, από την μνήμη? Πώς να είσαι καινούργιος? Τι εν τέλει είσαι? Η γέννα του εαυτού σου, η γέννα των παιδιών σου, η γέννα της κοινωνίας. Σε ποιά περίεργη γέννα μας έφερε ο δεύτερος παγκόσμιος πόλεμος?

Ο πόλεμος που έπρεπε να τελειώσει όλους τους πολέμους έδωσε ζωή στην απόλυτη φρίκη. Στο σημείο όπου η ανθρώπινη ψυχή, η ανθρώπινη ζωή, η ανθρώπινη ύπαρξη χάνετε. Μένουν ανθρώπινα σώματα κατακρεουργημένα από μια μηχανή πολέμου που είχε χάσει ευαισθησίες, ενδοιασμούς κοινωνικές και ψυχολογικές θεωρίες. Οδηγούσε προφανώς στην απόλυτη νίκη της Ιστορίας όπως την είχαν φανταστεί ως Ανώτερη ράτσα, ως ομαδική αταξική ύπαρξη. Το χάσαμε το τρένο της ιστορίας; Ποιος νοιάζεται για λεπτομέρειες! Άνθρωποι, πτώματα.

'Χιροσίμα Αγάπη Μου'

Το σενάριο το έγραψε η Margarite Duras
και είναι αντιπολεμική ταινία που γύρισε ο
Alain Resnais για την Χιροσίμα. Η ταινία
άνοιξε το 1959 όπου η κυρία Duras προτάθηκε
για Oscar σεναρίου. Η ταινία εξιστορείται την
ερωτική ιστορία μια Γαλλίδας ηθοποιού
(Emmanuelle Riva) και ενός Γιαπωνέζου (Eiji
Okada). Είναι από της πρώτες ταινίες που
χρησιμοποιεί φλας μπακ και αναρωτιέται για την
δύναμη της Μνήμης και της Λήθης, εν τέλει της
Αληθείας καθώς βιώνουμε το τραγικό τέλος του
δεύτερου παγκοσμίου πολέμου. Τι τραγική που
φαίνεται η ιστορία φρίκης που διάρκεσε μερικά
δευτερόλεπτα και τι τραγικός που ήταν ο
πόλεμος που μας έφτασε στην γενοκτονία?
Είμαστε θεατές ενός τραγικού θεάματος! Είμαστε
θεατές ανθρώπων και ανθρωπίνων σχέσεων!
Είμαστε κριτές! Είμαστε θνητοί.

Το *Χιροσίμα, Αγάπη Μου* είναι λοιπόν μια διαδρομή στην οποία δεν έχει ακόμα ξεκαθαρίσει ποια είναι η μνήμη και η λήθη, τι έχει απομείνει από τα αποκαΐδια που να είναι ανθρώπινο εκτός από τον έρωτα, έστω και τον προσωρινό έρωτα, και τον πόνο του σήμερα, του αποχαιρετισμού, της μέρας μετά που διαρκεί ακόμα και μια αιωνιότητα.

Σημειώσεις

Arendt, Hannah. Origins of Totalitarianism.
   'Το Ολοκληρωτικό Σύστημα'

_____. *The Human Condition*.

Butler, Judith. 'Contingent Foundations'.

De Beauvoir, Simone. *The Second Sex*. Penguin,
   1984; *or Le Deuxième Sexe*, Gallimard,
   Paris. 1949.

_____. *The Ethics of Ambiguity*.

Heinamaa, S. 'What is a Woman? Butler and
   Beauvoir on the Foundations of Sexual
   Difference'

International encyclopedia of philosophy.
   Entry on Arendt.

Lacquer, Thomas. *Thinking Sex: Body and Gender
   from Greeks to Freud*.

Levi Straus. The Elementary Structures of
   Kinship.

Stanford Encyclopedia of Philosophy. Entry on
   De Beauvoir.

Strathern, Marylin. *Gender of the Gift*.

Παράδοση Δύο

Γλώσσα και σεξουαλική διαφορά

Από την Δρ. Σωτηρία Θεοχάρη

'*κάθε γυναίκα αγαπάει έναν φασίστα*' ... Plath

Πως δουλεύει η γλώσσα στην κουλτούρα; Λέξεις, υποκείμενα, αντικείμενα, έννοιες...

Στρουκτουραλισμός ή Δομισμός (Λέβι Στράους, Λακάν, Σαυσσούρ - Saussure, Αλθουσέρ)

Ο δομισμός ότι η κοινωνία, το υποσυνείδητο, η γλώσσα, η κουλτούρα αποτελείτε από βασικές έννοιες η φόρμες που πιθανόν έχουν διαχρονικό χαρακτήρα είναι ένας τρόπος σκέψης που ξεκίνησε με τον Saussure. Ο ίδιος ήθελε να δείξει πως οι λέξεις εννοούνε και δείχνουνε τα αντικείμενα και μετά πως οργανώνονται σε ένα σύστημα εννοιών όπως το λεξικό. Οι λέξεις εννοούνε όχι σε μια απλή μια προς μια σχέση με το αντικείμενο. Δηλαδή ότι η πόρτα δείχνει η συνεπάγετε το αντικείμενο πόρτα, ότι το δέντρο δείχνει η συνεπάγετε το αντικείμενο δέντρο. Μεταξύ τους υπάρχει η πρωτότυπη φόρμα τις ιδέας πόρτα, ή δέντρο. Αυτή η ιδεατή ιδέα είναι γενική αρκετά δηλαδή εκπροσωπεί έναν γενικό τύπο δένδρου με τα πιο κύρια στοιχεία του έτσι ώστε ο καθένας μας να μπορεί να αναγνωρίσει την έννοια δένδρο στην φύση τουλάχιστον τις περισσότερες φορές. Δηλαδή η λέξη έχει σχέση με την εννοούμενη αρχέτυπη ιδέα.

Όταν υπάρχει πρόβλημα στην αναγνώριση της ιδέας τότε συνήθως ερχόμαστε αντιμέτωποι με την μιχτή έννοια δένδρου η θάμνου όπου δεν είναι ξεκάθαρο το βιολογικό είδος και χρειάζεται να το επεξεργαστούμε περισσότερο, να προσθέσουμε πιο πολύπλοκες έννοιες στην λέξη δένδρο η πόρτα. Ακόμα στην τέχνη η ιδεατή έννοια πόρτας η δένδρου βρίσκει κάποια επεξεργασία. Εκεί η έννοια της πόρτας ή του δένδρου γίνετε συμβολική και μεταφορική. Παίρνει πιο μεγάλες διαστάσεις. 'Δυο πόρτες είχε η Ζωή. Άνοιξα μια και μπήκα...' Άνοιξα την πόρτα της ζωής, της γέννας, του καλού, κτλ όχι του θανάτου, του κακού, κτλ ...´

Βέβαια οι έννοιες οργανώνονται με βάση βασικών διαφορών που ξεχωρίζουν της λέξεις και της ιδέες. Οι λέξεις ξεχωρίζουν με τον τρόπο γραφής τους, ενώ οι ιδέες με βασικές διπολικές αντιφατικές έννοιες. Άντρας/ γυναίκα, καλό/ κακό, θέση/ αντίθεση, ζωή/ θάνατος, δυνατός/ αδύναμος... Ο σκοπός τότε του δομισμού είναι να δείξει πως η γλώσσα οργανώνει της έννοιες σε διπολικά ζευγάρια ιδεών/ λέξεων. Οι ορθογραφικές συμβολικές διαφορές στην γραφή των εννοιών (δέντρο όχι δεντρολίβανο, πόρτα όχι πορτατίφ) είναι εξίσου σημαντικές όσο τα ζευγάρια ιδεών. Η οργάνωση αυτών των διαφορών και η συσχέτιση των εννοιών σε φράσης δίνουν ολοκληρωμένα την δομή της γλώσσας.

Τώρα ο Λέβι Στράους βρήκε βασικές δομές στην συγγένεια που είναι εξίσου σημαντικές. Δύο ταμπού, το ένα ενάντια στην αιμομιξία το άλλο εναντία στην ομοφυλοφιλία (αν και το δεύτερο ταμπού είναι πιο μοντέρνο και έχει να κάνει με την οικονομική διάταξη του καπιταλισμού γύρω από το ελάχιστα κερδοφόρο ζευγάρι... άντρα/ γυναίκα). (Βλέπε Rubin) Το πρώτο ταμπού εξασφαλίζει την συναλλαγή αγαθών ακόμα και της γυναίκας. Το δεύτερο ταμπού ορίζει τι και πως είναι η γυναίκα στην συναλλαγή. Φέρνει μέσα στης παραστάσεις ερωτικής συναλλαγής την έννοια του σωστού όπως είχε οριστεί στην Γέννηση ότι ο θεός εποίησε ζευγάρια ανδρών και γυναικών και ότι ο σκοπός της ζωής είναι να είσαι παραγωγικός και αναπαραγωγικός. Για τον Λέβι Στράους, η θρησκευτικές πεποίθησης και ταμπού εξελίσσονται μέσα σε ένα ανθρωπολογικό θέατρο φυλών όπου οι διαστάσεις των ταμπού και της γυναίκας ως δώρο συναλλαγής ξεδιπλώνονται μέσα

από την ανδρική βιαιότητα.

Ο Λακάν βρήκε βασικές δομές στον τρόπο με

τον οποίο κοινωνικοποιούμαστε ως υποκείμενα.

Πρώτον θεώρησε ότι το υποσυνείδητο είναι

κατασκευασμένο σαν μια γλώσσα που πρέπει να

βρεις τρόπο να επικοινωνήσεις. Το πώς εννοούμε

είναι μια συνάρτηση του πραγματικού, του

ιδεατού και του συμβολικού όπως έχει οριστεί

με βάση την τριαδική σχέση παιδιού/ μητέρας/

πατέρα. Σε μερικές εκδώσεις του χριστιανισμού

αυτή η τριάδα εννοιών χάνει την σεξουαλική και

πραγματική της φύση. Η μητέρα είναι ανύπαρκτη

στον κρίκο γέννας του παιδιού. Το παιδί γίνετε

από την ιδέα και το πνεύμα του πατέρα. Πατρική

υπέρ-γέννα. Έτσι εξασφαλίζετε η μη ανάμειχτη

φύση Άντρα πρότυπο/Γυναίκα πρότυπο. Η γυναίκα

απλά φέρνει στην ύπαρξη το σώμα της ιδέας.

Για τον Λακάν βέβαια το θηλυκό (η Μητέρα) έχει ιδεατό ρόλο, γίνετε το αντικείμενο του πρώτου έρωτα, είναι το πρώτο φαλλικό υποκείμενο, (το υποκείμενο που μπορεί να εκπληρώσει της φυσικές ανάγκες του παιδιού). Σχεδόν όλες τις ανάγκες βέβαια... όχι τις σεξουαλικές όπου έρχεται ο Πατέρας να πει το όχι του νόμου και το παιδί (αγόρι) αισθάνεται την δύναμη του νόμου που αντιτίθεται στην φυσική του ανάγκη που δεν εκπληρώνετε. [Σύμπλεγμα Οιδίποδα-Φρόιντ.]

Ο Αλθουσέρ βρίσκει ότι το κράτος χρησιμοποιεί το Οιδιπόδειο σύμπλεγμα όταν σε καλεί να είσαι πολίτης δηλαδή υποκείμενο που εισακούει τον νόμο. Οι πραγματικές καταστάσεις πολλές φορές χάνονται μέσα στην ιδεολογία του πως είναι η ιδανική κοινωνία και πως υποτάσσονται οι πολίτες στον νόμο. Η βία μεταξύ κράτος και πολίτη είναι δύσκολη να διευθετηθεί. Η ιδεολογία τότε είναι νοηματική. Είναι η σχέση μεταξύ ανδρών (ανθρώπου) και κόσμου, μεταξύ πραγματικών και ιδεατών συνθηκών και καταστάσεων που μπορεί να μην δώσουν καλά της πραγματικές διαστάσεις του πραγματικού, να λανθάνουνε.

Φεμινισμός

A. Wittig

Να ξεκινήσουμε με την Wittig. Η Wittig γράφει για το τι σημαίνει να γίνεσαι γυναίκα και το πως η κατηγορία λεσβία είναι πολεμική και δείχνει το πώς οι γυναίκες γίνονται μέσα από κοινωνικές σχέσεις (ταξικές, οικονομικές, και μη). Το πώς γίνονται είναι ανδρικό προνόμιο η αποτέλεσμα βίας που αποκαλύπτεται από την κατηγορία της λεσβίας. Το σώμα μας είναι παραμορφωμένο. Η ιδέα της γυναικάς διαστρεβλωμένη από την ανδρική ματιά. Δεν υπάρχει η φυσική κατηγορία των γυναικών είναι μύθος. Όχι μόνο το πως παρουσιαζόμαστε, το πως μας βλέπον οι άντρες αλλά και η ίδια η βιολογία!

Οι γυναίκες δεν έχουν τάξη. Υποτίθεται ότι παίρνουν την τάξη των ανδρών που συσχετίζονται. Ο μαρξισμός δεν μπορεί να φέρει ισότητα μεταξύ των φύλλων διότι δεν αναγνωρίζει τα φύλλα παρά μόνο ως φυσικά. Ο Ένγκελς ξεχωρίζει την αναπαραγωγή από την παραγωγή ως φυσική διαδικασία που δεν συμμετέχει στις διαδικασίες του κεφαλαίου. Το κύριο πρόβλημα για τις γυναίκες είναι όχι μόνο ότι μένουν έξω από την παραγωγική διαδικασία, όχι μόνον ότι είναι παραπανίσιο φτηνό εργατικό δυναμικό στα χεριά του κεφαλαιοκράτη, αλλά ότι οι γυναίκες δύσκολα κληρονομούνε κεφάλαιο, δύσκολα γίνονται ιδιοκτήτες περιουσίας να έχουν τα μέσα παραγωγής κεφαλαίου στα χέρια τους. Για την Wittig όσο η κατηγορία των γυναικών όσο και η σεξουαλική διαφορά είναι παράγωγα σεξισμού, δηλαδή είναι κοινωνικά κατασκευάσματα με την κακώς εννοούμενη έννοια, είναι κοινωνικά και όχι βιολογικά δεδομένα.

Εδώ είναι σημαντικό να ορίσουμε την διαφορά μεταξύ κοινωνικού δεδομένου, βιολογικού δεδομένου και κοινωνικού/ βιολογικού κατασκευάσματος. Τα κοινωνικά δεδομένα είναι αποτελέσματα κοινωνικών σχέσεων και θεσμών. Τα βιολογικά δεδομένα είναι αποτέλεσμα βιολογικών επεξεργασιών, η βιολογικής ύλης. Το βιολογικό κατασκεύασμα είναι παράγωγο βιολογικής έρευνας, του εργαστηρίου. Το κοινωνικό κατασκεύασμα είναι παράγωγο κοινωνικών μετατροπών και αντιδράσεων. Το γένος είναι βιολογικό δηλαδή έχει να κάνει με το βιολογικό φύλλο και σεξουαλικότητα (γονίδια, ορμές, ορμόνες, φερμόνες κτλ..) . Το γένος είναι και κοινωνικό έχει να κάνει με κοινωνικούς θεσμούς, συμπεριφορές (νόρμες), και σχέσεις εντός και εκτός οικογένειας, έχει να κάνει με την κοινωνικοποίηση του ατόμου. Είναι γενικά κοινωνικό κατασκεύασμα με βιολογικές και κοινωνικές συνιστώσες/ δεδομένα. (Βλέπε

Sterlling) Ο μύθος του γένους είναι αποτέλεσμα

του τρόπου με τον οποίο επιστήμονες και μη

έχουν διαχειριστεί την διαφορά μεταξύ ανδρών

και γυναικών. (Βλέπε de Beauvoir)

B. Rubin.

Η Rubin δείχνει πως ο μαρξισμός ακόμα και σε σχέση με τον στρακτουραλισμό δεν είναι ολοκληρωτικά αποτελεσματικός για να μιλήσει για τα γυναικεία ζητήματα και ότι είναι τελικά δύσκολο να μιλήσουμε για πλήρη και ουσιαστική ισότητα μεταξύ των φύλλων αν παίρνουμε ως δεδομένη την σεξουαλική διαφορά. Χρησιμοποιεί τον όρο 'το σύστημα βιολογικού και κοινωνικού γένους' για να δείξει ότι ένα ότι αυτό αλλάζει με βάση τα κοινωνικά, ανθρωπολογικά, θρησκευτικά, και ιστορικά δεδομένα και ότι βασίζετε η ανισότητα των φύλλων σε ένα σύστημα βίας αντρών προς γυναικών που δικαιολογείται με διάφορες μεταφυσικές και φιλοσοφικές έννοιες. Τα δυο πορίσματα του Λέβι Στράους (όχι στην αιμομιξία και όχι στην ομοφυλοφιλία ως βασικά στοιχεία της συγγένειας) συμπληρώνουν τα πορίσματα του Λακάν και δείχνουν την δυσκολία και διαχρονικότητα της ανισότητας των φύλλων που δεν είναι ουσιαστικά ίδια μεταξύ διαφόρων ομάδων αλλά η σχέση είναι

σχέση βίας. Η Rubin δείχνει ότι η ανισότητα

έρχεται όχι μόνο από την ανδρική βιαιότητα

αλλά και από την διαφορετική αντιμετώπιση της

ανδρικής και γυναικείας ομοφυλοφιλίας. Οι

άνδρες τελικά έχουν μια πιο πληρέστερη και

ελεύθερη σεξουαλικότητα που στο τέλος

δημιουργεί καλύτερες σχέσεις μεταξύ αντρών και

μια μεγαλύτερη επικοινωνία/ κατανόηση των

ανδρικών θεμάτων.

Κομμάτι του προβλήματος 'βιολογικό/ κοινωνικό γένος' είναι το θέμα του Φαλλού. Αν η συγγένεια είναι κοινωνικό-βιολογική με στοιχεία ανθρωπολογίας και θρησκείας τότε η σεξουαλικότητα σε κοινωνικό επίπεδο εκπολιτίζετε μέσα από την ψυχανάλυση. Το Οιδιπόδειο έχει να κάνει με το πώς ένα αγόρι αντιμετωπίζει ανάγκες που μπορούν η δεν μπορούν να πληρωθούν μέσα στην φανταστική και δυαδική σχέση με την μητέρα. Έτσι το παιδί μαθαίνει/ κοινωνικοποιείται από τους γονείς και συγγενείς πώς να εκφράσει κοινωνικά την σεξουαλικότητα του. Έτσι το οιδιπόδειο κανονίζει όχι μόνο την σεξουαλικότητα του ατόμου όπως έχει κοινωνικοποιηθεί αλλά και την κανονική σχέση των φύλλων μιας και το οιδιπόδειο της γυναίκας και του άντρα είναι διαφορετικά (αν και ο Φρόιντ δεν έκανε την καλύτερη δουλεία με την ημιτελή γυναίκα!).

Το οιδιπόδειο της γυναικάς είναι πιο πολύπλοκο γιατί το πρώτο αντικείμενο επιθυμίας είναι η μητέρα όχι ο πατέρας. Ο πατέρας γίνετε αντικείμενο επιθυμίας όταν το κορίτσι ανακαλύψει την σεξουαλική διαφορά και την φαλλική διαφορά που εμπίπτει με αυτήν. Έτσι από την ανακάλυψη ότι της λείπει το φαλλικό όργανο (το πέος)η γυναίκα μπαίνει σε διαδικασία να αρνείται ότι δεν το έχει, να θεωρεί τον εαυτό της φαλλικό ως είναι, ή να θέλει το πέος του άνδρα όχι πατέρα (ταμπού αιμομιξίας) δηλαδή να θέλει παιδί. Βέβαια αν και αυτές είναι σε γενικές γραμμές οι ψυχαναλυτικές λύσεις του οιδιπόδειου, οι γυναίκες μπορεί να μένουν σε 'λανθασμένες' επιλογές όχι αναγκαστικά από πάθηση αλλά σωματική και ψυχική διάπλαση και θέλω. Και η ταύτιση πέους με φαλλό είναι ένα κοινωνικό σύμβολο, ένας κοινωνικός καταμερισμός κοινωνιών ρόλων δηλαδή ένα πιστεύω γύρω από το τη είναι εφικτό και επιθυμητό για τα θηλυκά και αρσενικά.

Ο φεμινισμός έρχεται να διερωτηθεί για την έννοια του φαλλού το αν πως και γιατί είναι αντρικό προνόμιο και αν οι γυναίκες οι ίδιες δεν είναι φαλλικές όταν είναι γνωστές αντικειμένων η έρχονται από πιο ψηλά σημεία από ότι έρχεται ο άντρας στο κοινωνικό στερέωμα. Ο φαλλός για την Rubin είναι μύθος αντρικής βίας. Για την Butler, ο φαλλός είναι πλαστικός και μεταφέρετε από άτομο σε άτομο.

C. Cixous

'Τι θέλουν οι γυναίκες; Μα επιτέλους απαντήστε στην ερώτηση του Φρόιντ! Ο άνδρας αισθάνεται ότι ευνουχίζετε κάθε φορά που μια γυναίκα μιλάει. Η γυναίκα αισθάνεται ότι αποκεφαλίζετε. Η γυναίκα έχει να κάνει με το αβέβαιο όταν έρχεται σε επαφή με τον άντρα. Έχει να κάνει και με την βία. Έχει να πάει σε κακούργο σπίτι, σε καινούργιο κρεβάτι, να μπει σε μια καινούργια ζωή, να φύγει από το γνωστό στο άγνωστο. Η ιδέα της για το τι μπορεί να καταφέρει και πόσο μακριά μπορεί να φτάσει εξαρτάτε από τrν διαδρομή που χαράζει με το άγνωστο και με το άλλο μέρος του ζευγαριού. Το κάθε τι που έχει να πει και αυτό διαδραματίζετε παίρνει μέρος μέσα σε ορισμένες συνιστώσες που πηγαίνουν πίσω ή πηγάζουν από αρχικές κι αντίθετες έννοιες... άντρα/ γυναίκα... ενεργό/ παθητικό... θετικό/ αρνητικό... μεγάλο/ μικρό.

Το μόνο που μπορεί να θέλει η γυναίκα ως το αντίθετο του άνδρα είναι τίποτα. Μια απλή λογική από την μια μεριά τα θέλω όλα, τα έχω όλα από την άλλη δεν έχω τίποτα, δεν θέλω τίποτα. Οι άνδρες τότε δεν αισθάνονται ότι χάνουν τον φαλλό που είναι ο μεταφορικός δεσμός τους με την κυριαρχία, την αυτοκυριαρχία και την επιβολή της κυριαρχίας πάνω στην γυναίκα. Ο ανδρικός φαλλός είναι το υποκατάστατο της μητέρας, του πρώτου αντικείμενου που χάνετε με το όχι του πατέρα. Το αγόρι μπορεί να έχει τον φύλλο μόνον αν καταλάβει τον πατέρα και το όχι του, αν παραδώσει την μάνα σαν πρώτο αντικείμενο για την γυναίκα του.

Στο τέλος η ψυχανάλυση δείχνει ότι η γυναίκα δεν έχει έλλειψη. Ίσως επειδή δεν χάνει την μητέρα αλλά γίνεται μητέρα. Η ανδρική ευχαρίστηση τότε γίνετε απλή και πρόωρη αποχώρηση, το να ευχαριστηθείς κάτι χωρείς να πληρώσεις τα λύτρα του γάμου αλλά Δον Χουάν. Η γυναίκα τότε χαμένη και υστερική, η εικόνα που δημιούργησε αυτός για εκείνη. Η γυναίκα για τον άνδρα γίνετε θάνατος, αφάνιση, χάσιμο του εαυτού. Η διαφορά εξουσίας μεταξύ αρσενικού και θηλυκού πάντα στο τέλος μετριέται σαν διαφορά δυνάμεως και ως κίνδυνος. Το κύριο όπλο των γυναικών είναι που ομιλούνε... αλλά στην ουσία δεν έχουν εν τέλη να πουν τίποτα. Γιατί αυτό που λένε δεν μετράει. Η σιωπή τους είναι κομμάτι από την υστερία τους. Η γυναίκα δεν μένει στην σιωπή. Προχωρεί. Ζει. Δεν παρακρατεί τίποτα. Ειδικά δεν παρακρατεί τα αντρικά λάθη.

D. Kristeva

Η Μητέρα και η αγάπη της, η φροντίδα της μοιράζετε σε δύο κομμάτια που δεν είναι εύκολο να μονιάσεις, το προσωπικό και το κοινωνικό η κουλτουριάρικο μέρος. Στην προσωπική εμπειρία οι λέξεις είναι ποιητικές αισθησιακές , οι λέξεις είναι σώμα. Επικοινωνούνε μια αμεσότητα, το συναίσθημα, το ρυθμό και πέδασμα του χρόνου. Είναι μικρό-δευτερόλεπτα κι ο τόνος αλλάζει για να πιάσεις την έννοια κάτω από τις λέξεις, τις εικόνες, τις μεταφορές. Από την άλλη το κείμενο είναι αναλυτικό δίδεται στο τι και πως είναι η γυναίκα το άλλο γένος στο οποίο μπορούμε να πούμε ότι πραγματικά υπάρχει. Στον χριστιανισμό βλέπουμε ιδικά στον μύθο της Παρθένας Μαρίας ένα ανδρικό υποσυνείδητο που χαλιναγωγεί τον Μύθο της Μητέρας για να το κάνει καλλιτεχνικό αντικείμενο και για να μην αφαιρέσει από τον μύθο του γιού.

Το πρόβλημα της θεότητας της Μαρίας που έρχεται να αναιρέσει όλες τις αρχαίες θεότητες βασίζετε στο γεγονός ότι παρέμενε παρθένα και ότι ο γιος της δόθηκε από τον θεό. Η θεότητα της Μαρίας ακολουθεί του Χριστού. Μόνο από την υπάρξει του θα μπορούσε εκ των υστέρων η Μαρία να θεωρηθεί θεότητα γιατί ο γιός της γεννήθηκε από θνητή μάνα που εν τελεί δεν πέθανε αλλά κοιμήθηκε όπως λένε οι γραφές. Η παρθένα μεταφέρθηκε από ένα πεδίο στο επόμενο δεν σταυρώθηκε για να αναστηθεί αργότερα. Ο πόνος της μητέρας γίνετε χαρά και νίκη που ακολουθούν τα δάκρυα επειδή καταλαβαίνει ότι ο θάνατος δεν υπάρχει, ότι ο θάνατος είναι αποτέλεσμα του σώματος που εκείνη είχε δώσει και όχι το στοιχείο που η ανάσταση θα βασιζότανε. Ο άνδρας ξεπερνά το θάνατο γιατί σκέπτεται την μητρική αγάπη στο μέρος του.

Τότε βλέπουμε πως η μητρότητα είναι μια απάντηση στην νεύρωση. Έτσι ξεπερνιέται και η ανάγκη για ψυχανάλυση. Η παρθένα ξεπερνάει την διαφορετικότητα της από τον άνδρα με την παρθενογένεση. Η παρθένα αλλάζει την γυναίκα και την κάνει βασίλισσα των ουρανών/ μητέρα της εκκλησίας. Η παρθένα γίνετε το στήθος, ο πόνος, και το αυτί που ακούει και καταλαβαίνει. Η Παρθένα δεν πεθαίνει. Κοιμάται. Και τέλος, η παρθένα αναιρεί κάθε άλλη γυναίκα. Η γυναικεία πάθηση τότε γίνετε, ο νόμος, η αναπαραγωγή και συνέχεια, ο θηλυκός μαζοχισμός της οργάνωσης για να γίνει δώρο στην μητέρα αυτή η οργάνωση. Μένει το ερώτημα της θηλυκής ηθικής [herethics], είναι αυτό που κάνει την ζωή, τον θάνατο, την αγάπη ανθρώπινη….

De Lauretis

Η De Lauretis μας δείχνει στο βιβλίο της, τι κάνει/ πως δημιουργείτε το φεμινιστικό βλέμμα/ υποκείμενο/ κοινό στον σινεμά. Αυτές οι πράξεις παίρνουν δύο κατευθύνσεις… Πρώτον την δημιουργία του κοινωνικού υποκειμένου της γυναίκας και δεύτερον στην κριτική του ανδρικού/ πατριαρχικού μοντέλου. Στον σινεμά οι γυναίκες προσπαθούν τόσο να αλλάξουν το περιεχόμενο, την σκοπιά που δείχνει το έργο, αλλά και να αλλάξει το πρόσωπο του θεατή.

Αργότερα ενδιαφερόταν και για κριτικές του σινεμά που επηρέαζαν την πολιτική της εικόνας, την πολιτική της αισθητικής έκφρασης και έκαναν θεωρητικά επιχειρήματα επάνω στην γλωσσά και την εικόνα. Οι φεμινίστριες τότε ενδιαφερόντουσαν να πάρουν αντίθετη θέση στο περιεχόμενο και την ουτοπικότητα του, την ατοπία του και να επιδείξουν κάποιον πραγματικό φορμαλισμό. Έτσι πίστευαν ότι θα έφερναν τον θεατή έξω από κάποια αισθητική πληρότητα που υπεδείκνυε μια κεντρική ιδέα και θα έδειχναν τον τρόπο παραγωγής τους.

Η προσωπική ταυτότητα και ταύτιση ως το υποκείμενο μέσα από ορισμένους διόδους ηγεμονίας έγινε κύριο ερώτημα του φεμινισμού. Η ταύτιση με το υποκείμενο δεν ήταν απλά ένα ψυχικός μηχανισμός όπου δημιουργείτε το υποκείμενο, αλλά έδινε διόδους έκφρασης που ήταν πολιτικά και θεωρητικά ενδιαφέρον σε γυναίκες που δεν γινόντουσαν εύκολα υποκείμενα της κάμερας. Χειρουργικές αλλαγές δεν θα ήταν απλά αυτό που ζητούσαν οι γυναίκες. Γυναίκες με χρώμα (μαύρες και άσπρες) θα χρειαζόταν. Έτσι το φιλμ ερχόταν να δείξει αυθεντικά στην εικόνα την εμπειρία , την διάρκεια, το βλέμμα, τα γεγονότα, της σιωπή που αισθανόντουσαν άμεσα και που φαίνονταν αληθινά.

Παράδοση Τέσσερα

Ψυχές εξουσία στην Φιλοσοφία και την Ψυχανάλυση

Από την Σωτηρία Θεοχάρη

Σεξουαλική διαφορά και η Ουσία... Grosz

Η φεμινιστική θεωρία είναι μια σειρά από πολλαπλές και πολύπλοκες διαπραγματεύσεις μεταξύ πολλών και διαφόρων δυνάμεων που πολλές φορές δεν συμπίπτουν και δεν επικοινωνούν. Η φεμινιστική θεωρία έρχεται σε ρήξη με την ανδρική ακαδημία που αποζητά αντικειμενικότητα στην έρευνα και ακρίβεια, και αποδίδει υποκειμενικότητα στην ερεύνα και ακρίβεια. Πολλές φεμινίστριες πιστεύουν ότι αυτά τα κριτήρια γενικά και αντικειμενικά κριτήρια πρέπει να καταπολεμηθούν γιατί φέρνουν το φεμινισμό σε κρίση. Με ποια κριτήρια πρέπει να κρίνουμε τον φεμινισμό αλλά και γενικότερα την γνώση;

Η ουσιαστικότητα είναι ένας όρος που δεν χρησιμοποιείται συχνά στον φεμινισμό και δίνετε πολλές φορές στην έννοια της τελειότητας/ τελικότητας. Η ουσιαστικότητα δίνετε στην έννοια ότι υπάρχουν στοιχεία και χαρακτηριστικά που ορίζουν την ουσία των γυναικών τα οποία οι γυναίκες έχουν κοινά, όλες οι γυναίκες όλον τον καιρό, δηλαδή αυτά τα στοιχεία έχουν μια διαχρονικότητα και οριοθετούν της πιθανές αλλαγές στην κοινωνική οργάνωση (αυτά τα στοιχεία είναι ψυχολογικά, βιολογικά, και φυσικά). Αυτή η ουσιαστικότητα και τα προβλήματα που δημιουργούν είναι ως εξής... Βιολογισμός (το ότι η ουσία της γυναίκας είναι ορισμένη βιολογικά), Νατυραλισμός (το ότι η ουσία της είναι φυσική και αυτή δίδεται όχι μόνο βιολογικά αλλά με βάση τον θεό ή όποια άλλη οντολογία...), Μονισμός (universalism) που αποδίδετε σε κοινωνικούς όρους τα κοινά των γυναικών για όλες της εποχές και χρόνους και σε όλα τα κοινωνικά πλαίσια.

Οι φεμινίστριες πιστεύουν ότι η έννοια της ουσίας υποθαλφτεί πατριαρχικές εξουσίες. Το δεύτερο κίνημα του φεμινισμού έχει ορίσει ως την πραγματική ισότητα (το άνοιγμα των κοινωνικών πεδίων που είχαν οι άνδρες στης γυναίκες) γιατί η πατριαρχία έβλεπε ως δεύτερες της γυναίκες και δεν τους έδινε κοινωνική αξία και κύρος που συνήθως το καθορήσανε οι άνδρες. Ο φεμινισμός ορίζεται στην ιδέα ότι οι γυναίκες μπορούνε να κάνουν τα πάντα και περισσότερα από αυτά που τους έχει καθορίσει η πατριαρχία και πολλές φορές και αυτά που είναι η θεωρούνται έξω από την γυναικεία φύση.

Στην θέση της ουσιαστικότητας και του νατουραλισμού, οι φεμινίστριες βάζουν την δυναμική ισότητα στην νοημοσύνη, στην δυνατότητα και στην κοινωνική αξία. Αυτό το πρόγραμμα είχε όρια... Η ανδροπρέπεια στις γυναίκες... Η ανθρωπιά ανδρών και γυναικών πρέπει να υπογραμμιστεί... οι νόμοι περί ισότητας πολλές φορές δεν δουλεύουν για της γυναίκες. .. η ισότητα δεν σημαίνει τίποτα αν δεν απευθύνετε στην διαφορά... η πάλη για την ισότητα υπάρχει γύρω από τα πιο γενικά και ουδέτερα κοινωνικά ζητήματα δικαιοσύνης... Το πρόγραμμα για την ισότητα είναι κοινωνικά οριοθετημένο στην δημόσια και πολιτική ζωή, στην ιδιωτική ζωή υπάρχουν θέματα στην σεξουαλικότητα, στην αναπαραγωγή που δεν μπορούν να επιλυθούν εύκολα... τέλος αν και τα δυο φύλλα κάνουν τις εργασίες και του άλλου η ιδέα ποιά εργασία και ποιό φύλο δεν αλλάζει.

Υποκείμενα του Φύλλου/ Γένος/ Επιθυμίας...

Butler...

Ο Φεμινισμός υποθέτει ότι υπάρχει γυναικεία ταυτότητα μέσα από την κατηγορία της γυναικάς. Το φεμινιστικό υποκείμενο δημιουργείται/ κατοχυρώνεται από λέξεις εγγεγραμμένες σ το πολιτικό σύστημα που βοηθάνε στην απελευθέρωση του. Ο όρος γυναίκες ακόμα και στον πληθυντικό γίνετε προβληματικός. Το ζεύγος εννοιών ανδρικό/γυναικείο ορίζει όχι μόνο την παράμετρο που είναι συγκεκριμένη να ορίσει αλλά και κάθε άλλη ειδίκευση του θηλυκού που χάνει το περιεχόμενο της μέσα στους όρους τάξη, φυλή, εθνικότητα και άλλες άξονες εξουσίας. Έτσι ο γενικός όρος του υποκειμένου χάνει την γενικότητα του και την σαφήνεια του.

Αυτές οι παραμέτρους δείχνουν τον τρόπο καταπιέσεις και έχουν επιπτώσεις μεταρρυθμιστικές. Η αποσύνθεση στον φεμιν.σμό οφείλετε στην αντίδραση στον φεμινισμό από γυναίκες που λένε ότι δείχνει το αναγκαίο τέλος της πολιτικής ταυτότητας. Το γεγονός ότι ο φεμινισμός αναζήτησε να αντιπροσωπεύσει ένα υποκείμενο το οποίο δημιούργησε έχει ειρωνικά αποτελέσματα αφού ο φεμινισμός ρισκάρει αποτυχία. Η αποτυχία του είναι όταν δεν θέλει να αντιμετωπίσει της δημιουργικές δυνάμεις και τους στόχους που αντιπροσωπεύουν. Όταν σταθεροποιείτε το υποκείμενο του φεμινισμού τότε έχεις κρίση στην αντιπροσώπευση του. Το ζητούμενο δεν είναι να μην έχεις αντιπροσώπευση αλλά είναι οι νομικές δομές της γλώσσας και της πολιτικής που καθορίζουν τον μοντέρνο τόπο της εξουσίας. Στην τελική δεν υπάρχει θέση έξω από αυτή αλλά μια κριτική γενεαλογία μέσα στο ιστορικό τώρα.

Η μονοδιάστατη και μη προβληματική ουσία της 'γυναίκας' καλείτε μερικές φορές να προσδιορίζει την ακεραιότητα του φεμινιστικού υποκειμένου. Η διαφορά μεταξύ του φύλλου/γένος ορίζει το φεμινιστικό υποκείμενο ως μη προσδιορισμένο από την βιολογία η και από την κοινωνιολογία. Εν τέλει το φεμινιστικό υποκείμενο καλείτε να οριστεί με βάση την γυναικεία πράξη, ενέργεια, πνεύμα με όλες του της διαστάσεις. Δηλαδή όπως λέει ο Deleuze το υποκείμενο είναι μονάδα. Υπάρχει λοιπόν 'γένος που οι άνθρωποι έχουν η είναι ένα αναγκαίο χαρακτηριστικό που οι άνθρωποι είναι όπως εννοείται στην ερώτηση 'Τι γένος είσαι?' Όταν μιλάμε για γένος μιλάμε μερικές φορές για παράγοντα ή διάσταση σε μια ανάλυση, αλλά η διαφορά απευθύνετε σε πρόσωπα με το στίγμα το βιολογικό, γλωσσικό και/ η κουλτουριάρικο.

Μερικές φεμινίστριες ισχυρίζονται ότι το γένος είναι σχέση το ένα με το άλλο που είναι αντί-διαμετρική. Άλλες λένε ότι το θηλυκό είναι ορισμένο/ περιορισμένο και το αρσενικό είναι γενικό. ¨Άλλες ακόμα λένε ότι η γυναίκες δεν είναι ένα φύλο στην φαλλοκρατική οικcνομία εννοιών. Ότι η γυναίκες είναι το μη-φύλc. Το θηλυκό γένος τότε είναι ένα υποκείμενο πcυ δεν είναι ένα δηλαδή ολόκληρο, η μονάδα από μόνο του. Το γένος είναι μια πολλαπλότητα που η ολοκλήρωση του είναι συνεχώς μετατοπισμένη και ποτέ δοσμένη σε μια χρονική στιγμή. Είναι μια ανοιχτή συλλογική διαδικασία που αναγνωρίζει προσωπικές ταυτότητες που είναι διαφορετ.κά ορισμένες και δοσμένες με της ανάγκες της στιγμής.

Άποψη-θέση και Επιστημολογία... 'Πως το Κοινωνικό Υστέρημα Δημιουργεί Επιστημολογικό Προτέρημα! ... Harding

Παράδοση Πέντε και Έξη

Άποψη και Κοινωνία και βία/ σεξουαλικότητα

Άπό την Δρ Σωτηρία Θεοχάρη

Άποψη και Γνώση

'Δεν είμαι εγώ Γυναίκα?' Truth

Το τι σημαίνει να είσαι γυναίκα δεν είναι απλό. Για την Άφρο-Αμερικανίδα το τι είναι να είσαι γυναίκα ήταν διαφορετικό από της άσπρες συνάδελφες φεμινίστριες. Και το τι είδε στην Αμερική όπου έπαψε να υπάρχει σκλαβιά για τους μαύρους το απέδειξε. Εκεί είδε ότι οι άσπροι άνδρες φερόντουσαν με πολύ διαφορετικό τρόπο στις άσπρες γυναίκες και διερωτήθηκε αν και εκείνη δεν είναι γυναίκα που έχει διαφορετική συμπεριφορά που δουλεύει, που δεν την βοηθάν να ανέβει στις άμαξες. Και έδειξε ότι αυτή η υπερπροστασία των άσπρων γυναικών δεν τους δίνει ελευθερία και ότι το τι είναι γυναικείο και ανδρικό δεν είναι για όλους το ίδιο άρα είναι φτιαχτό. Το πρόβλημα με την σκλαβιά είναι οι άνδρες, και ο τρόπος τους, η σκέψη τους. Και ακόμα και για τον Χριστό δεν είχαν τίποτα να κάνουν. Αλλά ήταν υπεύθυνη ο θεός και η μάνα του, μια γυναίκα.

Για την πολιτική της ενδυνάμωσης   Hill

Collins

Η στρατηγική ενδυναμώσεως ομάδων με κοινωνικές ανισότητες βασίζετε στο γεγονός ότι αυτές οι ανοσιότητες είναι βασισμένες σε έναν πινάκα βίας. Οι κοινωνικές ομάδες που είναι άμεσα αναγνωρίσιμες και διαφοροποιούν το άτομο είναι... φυλή, τάξη, γένος, σεξουαλικότητα, εθνικότητα/ κράτος και σχηματίζουν/ επηρεάζουν με τον άλφα η βήτα τρόπο την βιογραφία του. Τα στοιχεία αυτά είναι σημαντικά μερικές φορές και όχι πάντα με τον ίδιο τρόπο. Τα κινήματα κοινωνικής δικαιοσύνης χρειάζονται μια κοινή γλώσσα που προχωράει την κοινή κατανόηση και την πολιτική ενδυνάμωσης.

Τα προβλήματα των μαύρων γυναικών είναι προβλήματα που βοηθάνε τους ανθρώπους να ορίσουν την ανθρώπινη αξιοπρέπεια και κοινωνική δικαιοσύνη. Οι επιστημολογικές έννοιες στις σκέψεις τους τότε είναι σωματοποιημένες σε αυτόν τον διάλογο. Αυτές έχουν έννοια για να ορίσουν την γνώση, τους χώρους εξουσίας που τους απασχολούν. Επίσης βοηθάνε στον διάλογο για ενδυνάμωση. Υπάρχουν τέσσερεις χώροι που βοηθάνε να οργανώσεις στρατηγικές ενδυνάμωσης, δομικός χώρος εξουσίας, πειθαρχικός χώρος εξουσίας, ηγεμονικός χώρος εξουσίας, διαπροσωπικός χώρος εξουσίας.

Ο δομικός χώρος εξουσίας ορίζετε από πολλούς αλληλένδετους θεσμούς που οργανώνουν και παράγουν την υποταγή των μαύρων γυναικών με τον χρόνο. Αυτοί οι θεσμοί βασίζονται σε νόμους απομονώσεις με βάση την ράτσα, τάξη και γένος. *Ο πειθαρχικός χώρος εξουσίας* ορίζετε επάνω σε γραφειοκρατική ιεραρχία και σε τεχνικές παρακολούθησης. Αυτός ο χώρος εδραιώνει της σχέσεις εξουσίας. Το αντίθετο να είσαι τυφλός σε αυτές της διαφορές είναι εξίσου προβληματικό. Βασικά καμουφλάρει τον ρατσισμό. Το κύριο πρόβλημα τότε είναι να βρεις τρόπους να αναγνωρίσεις και να αντιμετωπίσεις θετικά τον ρατσισμό, σεξισμό και κάθε λογής διακρίσεις και να κάνεις το σύστημα να δουλεύει πιο δίκαια.

Ο ηγεμονικός χώρος εξουσίας ορίζετε με το να δημιουργήσεις καινούργιες γνώσεις. Το κύριο θέμα είναι νέα ερμηνευτικά παραδείγματα και επιστημολογικές τακτικές που μπορούν να δυναμώσουν άλλους τρόπους για το πώς τα πράγματα μπορεί να είναι. *Ο διαπροσωπικός χώρος εξουσίας* ορίζει πως οι σκέψεις και οι πράξεις μας επηρεάζουν εμάς και τους άλλους. Η καταπίεση δύσκολα βρίσκει ανθρώπους που είναι αγνοί είτε είναι θύματα είτε είναι καταπιεστές.

Όταν σκεφτούμε για τον Άφρο-αμερικανικό φεμινισμό σαν κοινωνική δικαιοσύνη τον οργανώνουμε γύρω από την σύνθετη έννοια της ενδυνάμωσης. Εκεί ένας πινάκας από πειθαρχικές τακτικές τον δομεί μέσα από άξονες σαν την φυλή, την τάξη, το γένος. την σεξουαλικότητα το κράτος. Το να είναι πάντα εξωτερικός παράγοντας μέσα στις κοινωνικές δομές δεν οδηγεί στην εξουσία αλλά στην απομόνωση. Πρέπει να ορίσεις την προσωπική σου βιογραφία ως μοναδική αλλά ποτέ πιο μοναδική από άλλους.

Η συνείδηση της Μεστίζα.... Anzaldúa

Μία νέα φυλή 'μεστίζα' (ανακατεμένη) μια φυλή έγχρωμη που συνθέτει τον κόσμο όλον που φέρνει μαζί γεννητικό υλικό από διάφορα γενετικά παρακλάδια που θα έφτιαχνε ένα καλύτερο άνθρωπο στο μίγμα και όχι στο άσπρο τις άριας φυλής. Από αυτή την φυλετική, ιδεολογική, κουλτουριάρικη και βιολογική μίξη δημιουργείτε μια φανταστική και εξωγήινη συνείδηση. Η ασάφεια από την πρόσκρουση απόψεων φτάνει στο πνευματικό και συναισθηματικό συλλογισμό. Η εσωτερική κρίση αφήνει αβεβαιότητα και αναποφασιστικότητα. Η διπλή προσωπικότητα της 'μαστίζα' ή η πολλαπλή της δημιουργούν διαταραχή. Εκείνη διατρέχει ωκεανούς. Δεν μπορεί να κρατήσει όρια. Όταν παραμένει ευκίνητη μπορεί η ψυχή της να βρει θέση. Μαθαίνει να λειτουργεί σε ένα σύνθετο κοινωνικό περιβάλλον. Είναι πάντα το άθροισμα πολλών συνιστωσών σε μια νέα συνείδηση. Στο αντάμωμα δεν έχει χώρα η 'μεστίζα.' Όλες οι χώρες της ανήκουν.

Τοποθετημένες Γνώσεις…. Haraway

'Στην επιστήμη το δημιούργημα και το δεδομένο είναι κομμάτι από την ίδια δυναμική τέχνη, την ρητορική. Η πρακτική της επιστημονικής πειθώ είναι το επίκεντρο της περισσότερης πρακτικής. Έτσι ολάκερη η γνώση κατασταλάζετε σε ένα σημείο μέσα στο αγωνιστικό πεδίο της επιστήμης. Το δυνατό πρόγραμμα της κοινωνιολογίας της γνώσης συνδέετε τότε με τα αγαπημένα και κακά εργαλεία της ερμηνεία-λογία (semiology) και της αποσύνθεσης (deconstruction) για να δείξουν την ρητορική βάση της αλήθειας, ακόμα και της επιστημονικής αλήθειας.' (Μετάφραση μου)

'Το θέμα στην πολιτική βάση των επιθέσεων κατά της επιστήμης είναι διάφοροι εμπειρισμοί, απλοποιησμοί ή και άλλες εκδοχές του επιστημονικού κύρους που δεν είναι μεταβλητοί αλλά τοποθετημένοι. Η διχοτόμηση του πίνακα δείχνει το σημείο...

ολοκληρωτική- παγκόσμια λογική/ έθνος-φιλοσοφία,

κοινή γλώσσα/ έτερο-γλώσσα,

νέο όργανο/ αποσύνθεση,

ενωμένη θεωρία πεδίων/ αντίθετη θέση,

σύστημα κόσμος/ τοπικές γνώσης,

κυρίαρχη θεωρία/ απολογισμός ιστού.

Αυτός ο διχοτόμος πίνακας παραποιεί με κριτικό τρόπο της θέσης από ενσωματωμένη αντικειμενικότητα που προσπαθώ να προσδιορίσω. Η συγκεκριμένη διαστρέβλωση είναι η παραίσθηση της συμμετρίας μέσα στην διχοτομία του πίνακα, που κάνει οποιαδήποτε θέση να δείχνει, πρώτα, απλά διαφορετική και δεύτερων, αντιφατική. Ένας χάρτης των εντάσεων και των τάσεων μεταξύ των δυο σταθερών που ηλεκτροδοτούν την διχοτομία μπορούν καλύτερα να ορίσουν το δυναμικό της πολιτικής και της επιστημολογίας που είναι ενσωματωμένη, και άρα υπεύθυνη, αντικειμενικότητα.' (μετάφραση μου)

'Οι τοποθετημένες γνώσεις ζητούν το αντικείμενο της γνώσης να δοθεί σαν ενεργό στοιχείο και δράστη, όχι σαν σκηνή ή σαν έδαφος ή σαν πόρος, και ποτέ σαν σκλάβος ενός κύριου που κλείνει τον διαλεκτικό κύκλο με την ειδική δράση και την συγγραφή-κότητα της «αντικειμενικής» γνώσης του. Το σημείο είναι παραδειγματικά ξεκάθαρο στις κριτικές τακτικές ως προς τις κοινωνικές και ανθρωπιστικές επιστήμες, όπου η δράση των ανθρώπων έχει ερευνηθεί όπως μεταλλάσει ολόκληρο το πρόγραμμα για την παραγωγή της κοινωνικής θεωρίας.' (μετάφραση μου)

Το σύστημα γένος/ επιστήμη

Η φεμινιστικές σπουδές αντιμετωπίζουν το πρόβλημα τις έννοιας του γένους και της σχέσεις του με το βιολογικό γένος και την έννοια της θέσης σε σχέση με άλλους κοινωνικούς παράγοντες διαφοράς. Οι συνομιλίες του γένους πηγαίνουν μεταξύ μια και άλλης άκρης είτε στον βιολογικό προσδιορισμό είτε στην άπειρη ελαστικότητα… έτσι και στην επιστήμη προς την αντικειμενικότητα η την σχετικότητα.

Το θέμα της φεμινιστικής/ θηλυκής επιστήμης επηρεάζει και τας δυο όρια ταυτόχρονα, το πώς έχουμε μιλήσει για την φεμινιστική επιστήμη και το πώς ο φεμινισμός μιλάει με την επιστήμη. Το γεγονός ότι οι γυναίκες επιστήμονές πιθανόν κάνουν διαφορετική επιστήμη σαν τάξη, ομάδα λέει ότι το γένος/ φύλο επηρεάζει την δουλεία τους και υποσκάπτει την έννοια ότι είναι δυνατόν να υπάρχει μια επιστήμη. Στην δουλεία της βιολόγου (McClintock) που πείρε νομπέλ για την κατανόηση βιολογικών διαφορών είναι μια επιστήμων που δείχνει την ανάγκη της διαφορετικότητας μέσα στον κόσμο που δουλεύει την επιστήμη.

Η McClintock με το νομπέλ αναδιοργάνωσε τα κριτήρια της επιστημονικής αλήθειας έτσι ώστε να υπάρχουν ερωτηματικά για την μεθοδολογία και ερμηνεία των γνωστών τεχνικών.

Είναι διαφορετικό να ρωτήσεις γυναίκες επιστήμονες να δεχτούν την έννοια της διαφορετικής επιστήμης που δείχνει διαφορετική πραγματικότητα όπως θα ήταν δύσκολο να δώσουν την ιδιότητα τους ως επιστήμονες γιατί η επιστήμη ζητεί να παραδώσουνε την ταυτότητα τους ως γυναίκες. Συγκεκριμένα ζητάει να ξεχάσεις το γεγονός ότι το όνομα του γένους και η διαφορετικότητα τοθ όπως την γνωρίζουμε θέλει να γιορτάζετε στην ιστορία και δεν θέλει να υποστηρίζει μια μονολιθική επιστήμη.

Κρίση και εντάσεις στην Φεμινιστική σπουδή της επιστήμης. Logino/ Hammonds

Οι γυναίκες επιστήμονες είναι μορφωμένοι όπως και οι άντςες και δεν έχουν κριτική άποψη στην επιστήμη. Η κριτική τους και η σκέψη τους δεν την καλλιεργούν. Είναι δύσκολο γιατί πολλές φεμινίστριες δεν έχουν έννοια τις ιστορίας και δεν έχουν κοινή λογική. Η κριτική ξεκινά με τακτικές που έχουν αποτύχει. Το θέμα είναι ότι η επιστήμη δεν είναι αντικειμενική και χωρίς αξίες. Η επιστήμη συμμετέχει σε κοινωνικές, οικονομικές, και πολιτικές λογικές που σε μερικές περιπτώσεις δεν είναι δύσκολο για τις γυναίκες να δεχτούν στον ιδιωτικό τους κόσμο.

Οι φεμινίστριες έχουν μιλήσει για μια πιο πολύπλοκη μεθοδολογία για τον τρόπο που εγγράφετε το γένος στην γλώσσα και στους κανόνες της επιστημονικής πρακτικής αλλά δεν έχουν δείξει ικανοποιητικά πως οι θετικές επιστήμες εγγραφούν ή εγγράφονται από το γένος. Πάνω από όλα δεν έχουν δείξει πως η επιστημονική μέθοδος αντικαθρεπτίζει τον φυσικό κόσμο και επίσης εγγράφει κοινωνικές δομές εξουσίας στους θεσμούς στα θέματα και στην μεθοδολογία του.

Βία και Σεξουαλικότητα

Σκέψεις για την Σεξουαλικότητα/ το Φύλο... Rubin

Οι σύγχρονες συγκρούσεις για της σεξουαλικές αξίες και την ερωτικότατα έχουν πολύ να κάνουν με τις εκκλησιαστικές συγκρούσεις νωρίτερα. Έχουν συμβολική αξία. Πολλές φορές οι σεξουαλικές συμπεριφορές είναι τρόπος να μεταθέσεις κοινωνικά προβλήματα και ανησυχίες. Η σεξουαλικότητα χιάζετε ιδιαίτερη προσοχή σε δύσκολες εποχές. Ο χώρος της σεξουαλικότητας έχει ιδιαίτερη δυσκολία και εσωτερικές πολιτικές ανισότητες καταπίεσης. Ο έρωτας είναι πολιτικός. Αλλά έχει και ιστορικές περιόδους όπου ορίζετε από την κρίση που άρχετε γύρω του.

Μια θεωρία του έρωτα πρέπει να ορίζει, περιγράφει, επεξηγεί, και απορρίπτει την ερωτική αδικία (ανισότητα) και την σεξουαλική καταπίεση. Μέσα σε άστα τα δεδομένα το να κυνηγήσεις αυτούς που κάνουν έρωτα είναι προβληματικό. Είναι προβληματικό πχ να καταδιώκεις της ιερόδουλες. Η Rubin πιστεύει ότι η βία κατά των σεξουαλικών παρενοχλήσεων η παραβατών είναι φορές υπερβολική και δεν αφήνει χώρο στην φυσική σεξουαλικότητα.

Έχει κάποια ταξινομία του έρωτα από καλό (ετεροφυλικό, έγγαμο, μονογαμικό, αναπαραγωγικό, χωρίς συναλλαγές, σε ζευγάρια, στην ίδια γενεά, σε ιδιωτικό χώρο, χωρίς πορνογραφία, με σώματα μόνο, βανίλια) έως κακό (Ομοφυλοφιλική, άγαμη, χωρίς αναπαραγωγή, με συναλλαγή, μόνος η σε ομάδα, φιλικά, μεταξύ γενεών, σε δημόσιο χώρο, πορνογραφία, με αντικείμενα, σαδομαζοχισμός)... Το καλό από το κακό ορίζετε από γραμμές με βάση το τι είναι φυσικό... και το τι είναι αμαρτία η αρρώστια. Στο μεταξύ υπάρχει χώρος ανοχής. Άγαμοι ετερόφυλοι, πολύ-ερωτικοί ετερόφυλοι, έγγαμοι ομοφυλόφιλοι, πολύ-ερωτικοί ομοφυλόφιλοι.

Όπως το γένος η σεξουαλικότητα είναι πολιτική. Είναι οργανωμένη σε συστήματα εξουσίας που ανταμείβουν κάποιους και ποινηκοποιούνε άλλους. Όπως την καπιταλιστική οργάνωση της δουλείας και την κατανομή του πλούτου/ εξουσίας το μοντέρνο σεξουαλικό σύστημα έχει ως αντικείμενο την πολιτική μάχη από τότε που ξεκίνησε και όπως άλλαξε.

'Η γυναικεία θέση στην ζωή του άντρα'...
Gilligan

Το γεγονός ότι στον 20στο αιώνα ενδιαφερθήκαμε για την άποψη και θέση του παρατηρητή και πως επηρεάζει την αντικειμενικότητα είναι κάτι που βοηθηθεί να κατανοήσουμε την σχετικότητα της διαβούλευσης που επηρεάζει και την επιστημονική κατανόηση των πραγμάτων. Αρχίσουμε τότε πιθανών να βλέπουμε και με αντρική ματιά τα φαινόμενα.

Επειδή η αντρική ταυτότητα είναι βασισμένη στην διάσταση από την μητέρα ενώ η γυναικεία ταυτότητα είναι βασιζόμενη στην σύζευξη δημιουργούνται διαφορές στο εγώ τους. Έτσι οι άντρες έχουν δυσκολία στις σχέσεις ενε οι γυναίκες έχουν δυσκολία στον ατομισμό. Ενώ για τους άντρες η προσωπικότητα έρχεται πριν από την σχέση και την οικογένεια, για την γυναίκα τα δύο είναι αλληλένδετα. Η κοντινότατα, θαλπωρή, και η φροντίδα είναι δεδομένα για την προσωπικότητα της.

Οι γυναίκες φαίνετε να έχουν πρόβλημα με την ανταγωνιστική καταξίωση και αυτό το πρόβλημα έρχεται από το γεγονός ότι υπάρχει πρόβλημα συνδέοντας την θηλυκότητα και την επιτυχία. Το πρόβλημα της έφηβου είναι τότε να συνδέσει την θηλυκότητα της με την επιτυχία. Ενώ για να επιτύχει χρειάζεται να μάθει για το πώς οι άντρες επιτυχαίνουν. Πολλές φορές η επιτυχία σημαίνει αποτυχία στην θηλυκότητα.

Ο τόπος της γυναίκας στην ζωή του άνδρα είναι, η συνηθίζετε να είναι αυτή που τον φροντίζει και ο βοηθός. Το θέμα της κρίσης είναι σημαντικό στην ψυχολογική ανάπτυξη της γυναίκας γιατί δείχνει το επαναλαμβανόμενο σχέδιο που παρακολουθούμε στην φύση και θέση της γυναίκας. Δείχνει και ότι η φύση και η σημασία της γυναικάς είναι ακόμα μυστήρια. Το μυστήριο της γυναικείας ανάπτυξης είναι στην αναγνωρίσει της συνέχειας της στον ανθρώπινο κύκλο. Στην σχέση της όχι μόνο με τον άνδρα αλλά και με την μητέρα της.

'Διχασμένες Αρμονίες'... Smith

Είναι όντως η ανάλυση του σεξισμού και του ρατσισμού δυο διαστάσεις; Πως θα γινόταν αν την βλέπαμε για μία αν ο ρατσισμός είναι αλληλένδετος με τον σεξισμό. Το θέμα της μεταξύ-ράτσας σεξουαλικής βίας μας δείχνει πόσο δύσκολο είναι να μιλήσουμε για την σεξουαλική βία και το γεγονός ότι υπάρχει συνάφεια με τον σεξισμό/ ρατσισμό όπου η τρόποι και μέθοδοι βίας έχουν συνέχεια.

Ομάδες από άσπρους άνδρες βιάζουν τις μαύρες γυναίκες και περισσότερο φέρνουν πίσω την ολόκληρη κοινότητα και τους άντρες συγκεκριμένα. Το έγκλημα του βιασμού δεν είναι άπλα φυλετικό. Είναι απλοϊκό να σκεφτείς βιαστές άσπρους, μαύρους να βιάζουν για αυτόν τον λόγο. Οι άνδρες και οι γυναίκες δεν είναι άπλα σεξουαλικά, φυλετικά, οικονομικά όντα. Είναι όλα αυτά μαζί σε μια κρίση όπως αναφέρει η De Lauretis. Σε μεγάλο βαθμό τα πολιτιστικά κείμενα απάνω στον βιασμό και ο βιασμός είναι συνδεδεμένοι οι περιπτώσεις την μεταξύ-φυλής βίας είναι βία και ρατσιστική και σεξουαλική.

Το πρόβλημα είναι τότε πως αυτές οι κατηγορίες επηρεάζουν και τονίζουν διαφορετικά το φαινόμενο του βιασμού και πως καλούμαστε σαν υποκείμενα μα απολογηθούμε και να δημιουργηθούμε.

Παράδοση επτά

Ισότητα και Ταξικά στρώματα

Δρ Σωτηρία Θεοχάρη

Ιστορικές οπτικές γωνίες Cott

Ο φεμινισμός ήταν σε κρίση μετά την συνταγματική προσθήκη για τα ίσα δικαιώματα στις Ενωμένες Πολιτείες της Αμερικής το 1920. Ένα από τα ερωτήματα αν το γυναικείο ζήτημα έπρεπε να ανασυνταχτεί με άλλα πολιτικά ρέματα δικαιωμάτων όπως την ελευθέρωση των σκλάβων, τους εργάτες η με κανέναν. Δηλαδή να ήταν ένα κίνημα με ένα ζήτημα την ισότητα των φύλων έναντι του νόμου αλλά και την πραγματική ισότητα στον βίο.

Το θέμα της ισότητας εμπλάκηκε σε ένα διάλογο διαφοράς βιολογικής και μη από τους άντρες. Στην δύση και από τον Καντ μάλιστα η γυναίκες είχαν οριστεί σαν εξαρτώμενα μέλη όπως τα παιδία και οι σκλάβοι. Κοινωνικές αλλαγές στην ζήτηση και προσφορά εργασίας ζήτησαν την γυναίκα να βγει από το 'τζάκι στο εργοστάσιο.' Αλλά πολλές το ζήτησαν και οι ίδιες.

Ο φεμινισμός δεν είχε ένα σχήμα και το γυναικείο ζήτημα αντιπροσώπευε διάφορα κοινωνικά ρεύματα που δεν μπορούσαν εύκολα να βρούνε κοινή λογική. Με τον χρόνο βλέπεις μια κοινή γραμμή που βρίσκει τα γυναικεία δικαιώματα σε καλύτερη μοίρα.

Αποσύνθεση Ισότητα έναντι Διαφορά... Scott

Η ισότητα και η διαφορά είναι μια δυάδα εννοιών που μπορεί να αποπροσανατολίσει τον φεμινισμό. Η γλώσσα είναι ένα σύστημα εννοιών που οργανώνει πολιτιστικές πρακτικές και νοήματα. Και είναι το επίκεντρο μετά-δομικής κριτικής. Ο λόγος για τον Foucault είναι ιστορικά. Κοινωνικά, και θεσμικά οργανωμένος σε προτάσεις και έννοιες, κατηγορίες και πιστεύω. Ο Foucault δείχνει πως υπάρχουν πεδία δυνάμεων και εξουσίας όπου λόγοι στην επιστήμη/ γνώση τοποθετούνται σε σχέση με επιστημονικούς οργανισμούς, με θεσμούς και κοινωνικές σχέσεις.

Στο παρελθόν ισότητα έναντι διαφορά ήταν απλός τρόπος να χαρακτηρίσεις τα προβλήματα του φεμινισμού και των πολιτικών τακτικών του. Έτσι η διαφορά φαινότανε δομική ενώ πρέπει να διερωτηθούμε αν αυτή η διχοτόμηση λειτουργεί. (ίδιο/ διαφορετικό... ίσο/ άνισο... χρησιμεύει/ δεν χρησιμεύει) Οι φεμινίστριες δεν μπορούμε να δώσουμε την έννοια της διαφοράς ούτε την έννοια της ισότητας... πρέπει α μιλήσουμε για τις αξίες του πολιτικού συστήματος.

Το πρόβλημα είναι να δούμε πως η έννοια του ίδιου δεν είναι βάση της ισότητας. (η διαφορά μετράει (ναι όχι πώς)... η ισότητα μετράει (ναι όχι πώς)...)

Κρίση Ισότητας.... Williams

Οι φεμινίστριες έφτασαν σε σημείο κρίσης και προσπαθούν με δυσκολία να αντιμετωπίσουν τα θέματα των πολιτιστικών αξιών που τους επηρεάζουν.

Το θέμα της διαφοράς των φύλλων επηρεάζει την ισότητα μεταξύ των φύλων αλλά και την νομοθεσία αυτής της διαφοράς. Πρέπει να διερωτηθούμε για την διαφορά μεταξύ των φύλων και να οραματιστούμε πως θέλουμε να είναι η κοινωνία.

Συνήθως θεσμοθετούνται η έννοιες της διαφοράς σε σχέση με το στρατό σε εμπόλεμη κατάσταση, την γέννα, την σεξουαλική βία (ιδικά πριν τα 18 στις ΗΠΑ και πριν τα 15 στην Ελλάδα διαφέρει ανά χώρα). Αυτές η διαφορές είναι συμπληρωματικές (δηλαδή γινγκ-γιανγκ).

Δίχως ευτυχία γάμος του Μαρξισμού και του φεμινισμού. Hartman

Το πρόβλημα με το γάμο του μαρξισμού και φεμινισμού είναι ότι το γυναικείο ζήτημα γίνετε δευτερεύον στο ταξικό ζήτημα. Το ερώτημα γίνετε τότε πια είναι η σχέση της πατριαρχίας και του καπιταλισμού. Η πατριαρχία είναι ένα σύστημα σχέσεων μεταξύ ανδρών που έχουν υλική βάση και ιεραρχία, που δημιουργούνε αλληλεγγύη μεταξύ ανδρών. Στην ιεραρχία ανδρών, οποιαδήποτε η σχέση τους έχουν το δικαίωμα να κοντρολάρουνε τουλάχιστον μερικές γυναίκες.

Οι άντρες ελέγχουν και κοντρολάρουν τις γυναίκες αφού τις απομονώνουν από συγκριμένες παραγωγικές διαδικασίες και ελέγχοντας την γυναικεία σεξουαλικότητα. Οι υπηρεσίες που προσφέρουν οι γυναίκες δεν έχουν κύρος. Όπως η ταξική κοινωνία πρέπει να αναπαράγετε μέσα από κοινωνικές σχέσεις (στα σχολεία, εργασιακός χώρος, και καταναλωτισμός) έτσι πρέπει οι πατριαρχική κοινωνία να αναπαράγετε στις σχέσεις ανδρών και γυναικών. Γεννιόμαστε αρσενικά και θηλυκά αλλά γινόμαστε άνδρας/ γυναίκα που είναι το κοινωνικά αναγνωρισμένο γένος... έτσι όπως λέει και ο Ένγκελς αναπαράγονται ανθρώπινα όντα, και το είδος.

Πρώτα το πρόβλημα του σοσιαλισμού είναι εκείνο όπου η διαφορετικές ομάδες φτιάχνουν αλληλεγγύη. Οι γυναίκες δεν πρέπει να εμπιστεύονται ότι οι άνδρες θα τους ελευθερώσουν μετά από επανάσταση, γιατί μπορεί να μην ξέρουν και πώς. Σε γενικές γραμμές ο καπιταλισμός δεν αφήνει στους άνδρες να νιώσουν θαλπωρή, μοίρασμα, και ζωτικότητα/ ωριμότητα και την δυνατότητα να γνωρίσεις αυτές τις ανάγκες με μη ιεραρχικό και μη πατριαρχικό τρόπο.

Καπιταλισμός και Γυναικεία Ελευθερία... Barrett

Το πρόβλημα είναι να μην αναιρέσουμε τις βιολογικές διαφορές μεταξύ των φύλων αλλά είναι το θέμα πως οι φυσικές διαφορές μετατρέπονται σε διαφορές στην ανθρώπινη και κοινωνική πράξη. Μέσα από μια ανάλυση της φυσικής οικογένειας μπορούμε να έχουμε μια ανάλυση των ιδεολογιών και τον ρόλο της στην δημιουργία του γένους και υποκειμένου. Το πρόβλημα είναι να πιστεύουμε ότι η τωρινή μορφή είναι και η τελική μορφή της οικογένειας.

Οι σχέσεις παραγωγής/ αναπαραγωγής στον σύγχρονο καπιταλισμό μπορεί να λειτουργεί σε σχέση με την εκμετάλλευση του κεφαλαίου/ πλούτου που είναι τεχνικά τυφλό στο φύλο, αλλά που έχει την μορφή καταμερισμού εργασίας στην οποία η σεξιστική ιδεολογία έχει ριζώσει. Γενικά όταν ορίζουμε την γυναικεία καταπίεση να είναι στο επίπεδο της ιδεολογικής παραγωγής περιμένουμε ότι ο όρος ιδεολογία θα περιέχει περισσότερα πράγματα. Το πρόβλημα ότι πολλά ερωτήματα για την καταπίεση των γυναικών είναι ιστορικά και (κοινωνικά πρακτικά) και όχι μόνο θεωρητικά.

Η ανδρική δουλεία προϋποθέτει ότι τα θέματα του οίκου (οικογένεια, παιδία έχουν εξασφαλιστεί και δεν είναι σημαντικά... είναι ο χώρος της γυναίκας η της γιαγιάς). Το σύστημα βοηθάει τον άνδρα που φέρνει το μεροκάματο για την οικογένεια. Καμία γυναικεία επανάσταση δεν είναι εφικτή δίχως τον σοσιαλισμό. Πολλές φορές οι σοσιαλίστριες χάνουν την ουσία των γυναικείων δικαιωμάτων στα ταξικά ζητήματα. Ο φεμινισμός και ο σοσιαλισμός βρίσκουν κάποια αλληλεγγύη. Ο φεμινισμός δεν ζητά να αλλάξει τον άνδρα και την γυναίκα, αλλά να αλλάξει ουσιαστικά της σχέσης μεταξύ τους. Έτσι δίνετε η βάση για την γυναικεία ελευθερία.

Φεμινισμός και Μαρξ... Nicholson

Το κύριο δευτερεύον μήνυμα του Μαρξ είναι ότι υπάρχει οικονομική και ανθρώπινη ζωή μεταξύ πολιτισμών που μπορεί να μελετηθεί ξεχωριστά από οικονομικά άλλα κύρια μέρη της ανθρώπινης ύπαρξης. Εκεί δείχνει μια φιλοσοφική ανθρωπολογία ή μεταξύ πολιτισμών μελέτη των κοινωνικών θεσμών. Το βασικό στοιχείο είναι η έννοια της παραγωγής. Η παραγωγή σημαίνει την δημιουργία αντικειμένων για συναλλαγή αλλά και γενικότερα ανθρώπινη πράξη που επιφέρει αποτελέσματα. Η έννοιες εργασία και αποτέλεσμα (παράγωγο) είναι σημαντικές πρώτον να ορίσουν την εργασία και το αποτέλεσμα, την εργασία που επιφέρει το αποτέλεσμα η αντικείμενο, την εργασία που επιφέρει το παράγωγο και το παράγωγο. Έτσι με την βιομηχανοποίηση τι είναι σημαντικό δεν είναι η παραγωγή στο σπίτι αλλά στην αγορά.

Δηλαδή για το Μαρξ αυτό που είχε έννοια ήταν η παραγωγή φαγητού και αντικειμένων. Τότε η παραγωγή και η οικονομία ήταν ταξική σε σχέση με την παραγωγή και αναπαραγωγή αγαθών. Στην έννοια της τάξης δεν υπήρχε η έννοια της αναπαραγωγής και του αναθρέμματος παιδιών. Ούτε αναφερότανε οι αλλαγές στην οργάνωση όσο και ιστορικές να ήταν. Αφού αφήνει έξω από την παραγωγική διαδικασία την αναπαραγωγή μπορεί να αφήσει και έξω από τν έννοια της τάξης την κοινωνικοποίηση. Έτσι ο υλισμός του δεν έχει να κάνει τίποτα με την ασχολία του να μεγαλώνεις παιδία. Έτσι δεν βλέπουμε πως η παραγωγή και η αναπαραγωγή συνδέονται, πως η αγορά ορίζει και επηρεάζει σχέσεις συγγένειας.

Διπλοί θεωρητικοί (φεμινιστές και μαρξιστές) βλέπουν τα όρια του μαρξισμού με την έννοια του γένους όχι μόνο στην αναπαραγωγή αλλά και στην παραγωγή. Στον μαρξισμό βέβαια η έννοια της γυναικείας καταπίεσης είναι δευτερεύον. Για τους μαρξιστές λοιπόν η παραγωγή είναι διαφορετική από την αναπαραγωγή. Στην καπιταλιστική κοινωνία είναι λάθος γενικευμένοι οι όροι. Οι σχέσεις των φύλων είναι σημαντικές και προ-καπιταλιστικές. Αυτές οι σχέσεις είναι ορισμένες με βάση την συγγένεια.

Παράδοση Οκτώ

Καταστροφή, Τρομοκρατία, Πόλεμος

Από την Δρ. Σωτηρία Θεοχάρη

Ο τέλος του Κόσμου των Άσπρων Ανδρών... Acker

Είναι μια ιστορία στο τέλος του κόσμου...
στην Κίνα όπου μια άσπρη γυναίκα που δεν
έρχεται από δυνατή οικογένεια (έχει χάσει τον
πατέρα της, δεν τον έχει γνωρίσει) είναι
δεσμευμένη με έναν άνδρα που δεν την αγαπάει
και την βάζει σε οίκο ανοχής για να βρει την
αξία της και την δύναμη της να τον αφήσει.
Εκείνος είναι ερωτευμένος με άλλη που δεν τον
θέλει. Κάποιος έρχεται να την σώσει και να
πληρώσει τα ρήτρα της. Η όλη ιστορία
διαδραματίζετε σε μορφή γραμμάτων.

Ο θάνατος της Οικογένειας... Reid

Η εικόνα της οικογενείας είναι/ (ήταν) τραγική στην Αμερική ειδικά από ανδρική οπτική γωνία. Η εποχή ήταν ο πρώτος πόλεμος στο Ιράκ, 'Σώσε τα παιδία μας...' παίρνει πολλές οπτικές γωνιές από τον βιαστή, τον κακοποιό, τα ναρκωτικά, από τον Sadam (είχε ομήρους τότε)... Το κακοποιημένο παιδί έχει πολλές μορφές, πάσχει και μέσα από τον λόγο για την βία αλλά δεν χάνονται τα δικαιώματα του. Κάτι χάνετε στην οικογένεια αν όχι οι γονείς τότε τα παιδία. Αυτές και άλλες ιστορίες μας παρουσιάζουν στα ΜΜΕ και στην δημοφιλή ζωή/ κουλτούρα. Παράγουν πολλούς ερευνητές, ειδήμονες, καθηγητές που κινδυνολογούν για την καταστροφή της (αμερικανικής) οικογένειας.

Τι είναι λοιπόν να κρατάς τους ανθρώπους ανθρώπινους; Η οικογένεια είναι ο θεσμός που το κάνει αυτό. Χάνετε η συγγένεια, θίγετε από πολέμους, ιδεολογίες, συμφέροντα αλλά η δυτική κοινωνία στηρίζετε στην σωστή δομή της οικογενείας. Η δομή αυτή είναι θεσμική, πολιτιστική, πολιτική. Η μεσαία τάξη όρισε την ανθρώπινη οικογένεια. Το κακό είναι ότι η οικογένεια για να ορίσει το κανονικό πάντα όριζε και το μη κανονικό ως αυτό που ξεφεύγει από την προστασία της οικογενείας. Έτσι βλέπεις πως ιδέες σαν οικογενειακές αξίες όρισαν την κατανομή εργασίας, την φυλετική ομαδοποίηση στην δουλειά, κτλ... Μέσα σε αυτό ήταν και το θέμα τον ομοφυλοφίλων. Αν μπορούσαν να πάνε στρατό, να κάνουν οικογένεια... κτλ.

Η οικογένεια δεν είναι ιδιωτικό θέμα. Οικογένεια έχει πάρει πολλές μορφές από ομοφυλόφιλη, στην τηλεόραση, στα δικαστήρια… Νέα σώματα υπάρχουν. Σώματα χωρίς νόμο και σπίτια χωρίς κανόνες πολλές φορές.

Τερματισμός Σωμάτων…. Mason

Το μετά-ανθρώπινο έρχεται στην κρούση του καλού και κακού όταν κοιτάζουμε από το μέλλον τι γίνετε τώρα. Οι κύβοργς (cyborgs) έχουν προβλήματα με την ηθική. Το πρόγραμμα των κύβοργς τείνει προς την αποσομάτωση των ατομικών υποκειμένων και τον διασκορπισμό των ιστορικών και κοινωνικών σχέσεων που δημιουργούν το υποκείμενο.' Έτσι ο κυβοργισμός δείχνει πως τα υποκείμενα δημιουργούνται και ξαναδημιουργούνται, πως αναπαράγονται.'

Υπάρχει διαρροή μεταξύ του σώματος και του εγώ. 'Στο θέμα της έκτρωσης το 60, 70, 80 δείχνουν πως ο ριζοσπαστικός φεμινισμός διερωτήθηκε για το πολιτικό υποκείμενο και έδωσε χώρο για τις φιλελεύθερες φεμινίστριες να προστατεύσουν το πολιτικό σώμα.' Ο κυβοργισμός ειδικά στα έργο (Εξολόθρευση 2, Terminator 2) άλλα και στην πράξη έχει δυσκολία να ονομάσει το δικαίωμα στην έκτρωση με απλούς τρόπους.

Μια φορά ήταν Άνδρες... White

Στον εξελικτικό κινηματογράφο το σώμα γίνεται τέρας. Το ανθρώπινο διαφαίνεται σαν η προσθήκη/ σύμπλεγμα των μη-ανθρώπινων στοιχείων. Έτσι ο άνθρωπος γίνεται το σώμα του άλλου, μια τέρατα-γέννηση, γίνεται καβούρι, γίνεται έντομο, γίνεται ποντίκι, γίνεται μανιτάρι. Το σώμα έτσι επικαλείται τις χιλιάδες μεταλλάξεις που το δημιούργησαν.

Η ανθρώπινη σεξουαλικότητα είναι τότε ξέχωρη από την αναπαραγωγή. Είναι αποτέλεσμα της όρεξης και ευχαρίστησης. Οτιδήποτε μπορεί να γίνει αντικείμενο πόθου. Το σώμα γίνετε προσθήκη πολλών στοιχείων που είναι και ανταγωνιστικά μεταξύ τους. Το σώμα τότε είναι και ανθρώπινο αλλά και μη ανθρώπινο.

Μίλησε αν είσαι άνδρας.... Cassin

Με την απλή λογική αν μιλήσεις το γεγονός ότι είναι απλή η λογική και λογική δημιουργεί λανθασμένες εντυπώσεις. Δημιουργεί παρεμπίπτοντος έννοιες άλογες και παράδοξες, μη συνέχεια και απανθρωπιά. Έτσι το να λες πράττω με συναίνεση για τα κοινά οδηγεί πολλές φορές στο να πράξεις εγωιστικά για την πάρτη σου πχ. Το όλο θέμα είναι πώς να ξεφύγεις από την κατάσταση του λάχανου για να μπεις σε διάλογο και να έχεις άποψη, να πράξεις.

Το να έχεις άποψη σημαίνει να γνωρίζεις την ουσία και την διαφορά από την ανούσια, από το ψεύδος. Έτσι ένα άτομο είναι ακόμα άτομο ακόμα όταν και η ουσία του είναι ανούσια όταν γνωρίζει την διαφορά (ουσία/ ανούσια, ψεύδος/ αλήθεια) και αυτή η διαφορά είναι αυτό-παραγωγική και όχι μια διαφορά άπλα μεταξύ άλλων. Η συναίνεση των άλλων χάνει αυτήν την ευκρίνεια και θεωρητική προσοχή που χρειάζεται για να επικοινωνήσεις. Έτσι για να ξεφύγεις από την κατάσταση του λάχανου πρέπει να έρθεις στο μεταφυσικό παιχνίδι της γλώσσας, για να επιβιώσεις, να μιλήσεις μόνο και μόνο για να μιλήσεις.

Τρομοκρατία στην Φυγή... Lyotard

Το σύστημα που έχει επιβιώσει τον φασισμό και κομουνισμό. Δεν υπόσχετε ειρήνη αλλά ασφάλεια και συναγωνισμό. Δεν υπόσχετε εξέλιξη αλλά διαμόρφωση. Ο πλουραλισμός είναι σε συμφωνία με το σύστημα όταν υπάρχουν κανόνες διαφωνίας. Αυτή είναι η συγκατάθεση η συναίνεση στο σύστημα. Η τρομοκρατία τότε είναι πολιτική, κοινωνική και πολιτιστική. Το να αφαιρέσεις στον άλλον το δικαίωμα να απαντήσει.

Τι είναι η ελευθερία? Η ελευθερία είναι η απλή αρχή, είναι να μην γνωρίζεις τι υπήρχε πριν και τι μένει πίσω. Η συναίνεση τότε δεν είναι η συχώρεση του εγκλήματος. Ούτε το ξέχασμα του. Το κακό μπορεί να περάσει σαν καλό. Το να πιστεύεις τότε δύσκολα είναι καλό. Η τρομοκρατία τότε είναι να γράφεις σε γλωσσά απαγορευμένη, από την μεριά του Άλλου.

Ανατροπή και Συναίνεση/ Συμφωνία... Goux

Η δύση είναι ιδιαίτερη γιατί έχει οικονομική ιδεολογία που έχει ξεχωρίσει από το εκκλησιαστικό, πολιτικό και ηθικό για να ορίσει το σύστημα με τους κανόνες του. Η κοινωνική εξουσία δεν είναι εξουσία επάνω από άτομα αλλά είναι γενική, ένα αντικείμενο που δεν είναι αντικείμενο σαν το χρήμα, που ανοίγει σχέσεις και νέους ορίζοντες. Έτσι η κύρια κοινωνική σχέση είναι η συναλλαγματική σχέση.

Αυτή η σχέση δεν είναι ίσου προς ίσο. Είναι σχέση ιεραρχίας. Δημιουργεί τότε σχέση μεταξύ να σ' εκμεταλλευτώ για το κεφάλαιο ή/και να δουλεύω για να ζήσω, μεταξύ αρρενωπού κανόνα και θηλυκιάς δουλειάς, μεταξύ λογικής σκέψης και ποιητικής έκφρασης. Δημιουργεί σχέση μεταξύ το γενικό και το ιδικό για να φτιάξει το στάνταρντ, το σταθερό. Έτσι αυτή η ανισότητα χρειάζεται. Είναι η διαφορά του μέτρου με το μέτρημα η μετρημένο.

Αυτή η αφηρημένη σχέση δημιουργεί αποξενώσει που δεν διορθώνεται και που ούτε θέλεις να την διορθώσεις. Είναι η σχέση με το γενικό που παράγει όχι μόνο αξία αλλά και νόημα, επιθυμία, πολλαπλασιαστική αξία, και ευχαρίστηση. Μπορούμε τότε να πούμε ότι υπάρχει το οικονομικό και όχι το κοινωνικό στην συναλλαγματική σχέση. Μπορούμε να πούμε και το αντίθετο ότι υπάρχει το κοινωνικό και όχι το οικονομικό σε αυτήν την σχέση και γενικότερα επίσης. Γιατί να ορίσεις την κοινωνία άνευ οικονομίας; Η συναλλαγή είναι η βάση της ισότητας και της ελευθερίας με βάση τον Μαρξ που ποτέ δεν είναι ελεύθερη η ίση!

Η χρόνο-διάσταση του οικονομικού φέρνει και την κοινωνικότητα. Αν μπορεί να έρθει σε τέλος η οικονομική καταμέτρηση του μοντερνισμού γίνεται μέσω της αισθητικής ιστορίας της πολιτικής του οικονομίας. Ο κοινωνικός δεσμός γίνετε αντικείμενο και αισθητικό αντικείμενο του καλλιτέχνη. Και όλοι μας γινόμαστε καλλιτέχνες. Ποτέ δεν μπορούμε να πάρουμε την θέση του γενικού.

Το Θέατρο του Τρόμου…. Apostolides(

Αποστολίδης)

Η τρομοκρατία και το θέατρο του τρόμου
έχει ιδική σχέση στην Γαλλία με την
επανάσταση. Αυτή η τρομοκρατία χρησιμοποίησε
το θέατρο για να φέρει συναίνεση και
συγκατάθεση για τα γεγονότα και την βία της
επανάστασης. Η τρομοκρατία τότε μεταφέρθηκε
στον συμβολικό χώρο του θεάτρου όπου η
βασιλείς και οι αριστοκράτες πλήρωσαν με την
ζωή τους την επανάσταση.

Είναι δύσκολο να καταδικάσεις βασιλεία.
Οπότε η βία έγινε μεταφορική. Είχαν σταλθεί σε
ένα νησί όπου υπήρχε ηφαίστειο που κατατρόπωσε
την παλιά τάξη των πραγμάτων για να
ελευθερωθούν οι πολλοί! Στο θέατρο δεν
αποκεφαλίστηκαν από την γκιλοτίνα. (Les
jugement dernier der rois…)

Το θέατρο έδειξε συμβολικά την αλλαγή καθεστώτος και την προσπάθεια αυτού του τρόμου να φέρει συναίνεση. Έτσι το θέατρο χρησιμοποιήθηκε συμβολικά, έγινε και προβληματικός χώρος έγινε και δύναμη για να δημιουργήσει το δικό του πολιτικό καθεστώς.

Οι εικόνες του θεάτρου κάνουν την δημιουργία συναίνεσης εύκολη και αφαιρούνε περιορισμούς που προϋπήρχαν. Έτσι οι εικόνες ορίζον την μεταφορά μεταξύ εξουσίας και εξουσιασμένων. Το θέατρο και η εικόνα τότε πολλές φορές δημιουργεί και την αντίθετη έννοια. Ότι τα γεγονότα υπερεκτιμούνται και χάνουν συμβολική αξία. Η κοινωνία του θεάτρου/ θεάματος δεν είχε βέβαια ολοκληρωτικά εμφανιστεί!

Παράδοση Εννέα

Το κράτος, αξίες, και φυλακές

Δρ. Σωτηρία Θεοχάρη

Φιλελευθερισμός και Οικογενειακές αξίες...
Brown

Όπως οι γυναίκες δεν χρειάζεται να έρθουν σε σεξουαλική σύμβαση που αποδίνει κατωτερότητα στον γάμο για να επιζήσουν ή για κοινωνική αναγνώριση (ειδικά μέσα στον ετεροφυλικό γάμο), οι φιλελεύθερες πολιτικές εντολές δεν χρειάζονται τον φανταστικό κοινωνικό θεσμό του γάμου για την πειστικότητα/ νομιμότητα τους. Όταν ο φιλελευθερισμός έγινε ένα με τον μοντερνισμό (νεοτερικότητα) οι ιδέες του δεν χρειάστηκαν της αρχικές μυθολογίες και νομικές ιστορίες της φεουδαρχίας ή του κομουνισμού. Η ιδεολογική φυσικότητα της μοντέρνας οικογενείας ήταν κατόρθωμα του φιλελευθερισμού και η κρυφή σεξουαλική σύμβαση μοιάζει σαν να έχει ξεπεραστεί. Έτσι όταν υπερεκτιμάς την οικογενειακές αξίες έναντι του φεμινισμού και της ομοφυλοφιλίας έως ότου να ονομάσεις τα δεύτερα αφύσικα και επικίνδυνα για την ηθική και πολιτική τάξη ξεχνάς ότι το φιλελεύθερο υποκείμενο δεν θα μπορούσε να ήταν πιο ασφαλές.

Ο φιλελευθερισμός είναι μη-συστηματικός και διαπεραστικός ως αξιωματικό υποκείμενο της ιστορικής αλλαγής και τοπικής διαφορετικότητας/ διαφοροποίησης. Έτσι θα παρουσιαστεί σαν μέρος των ιστοριών και πρακτικών, της ιδεολογίας και του δια-λόγου μιας κοινωνικής τάξης/ οργάνωσης και της εδραιώποίησης της. Ο φιλελευθερισμός παράγει υποκείμενα χωρίς να νοιάζεται για την κοινωνική θέση/ τοποθέτηση τους μέσω της λογικής (discourse) γένος, τάξη, και φυλή. Έτσι υπάρχουν δυο τάσεις/ ρεύματα οργάνωσης (1) φυσικότητα, (2) αυτόνομη- μοποιήση. Μέσα στον φιλελευθερισμό υπάρχει και το υπόγειο ρεύμα που επηρεάζει μόνο την οικογένεια, έτερο-σεξουαλικότητα, βία, και μητρότητα που αφορά της ελευθερίες και ανάγκες του άντρα που επιβάλει άλλα και της γυναίκας και άρα δεν είναι γένος αδιάφορες. Έτσι ξεχνάει ότι τα υποκείμενα είναι κοινωνικά τοποθετημένα και επηρεασμένα από την σεξουαλική κατανόηση εργασίας και την σεξουαλική διαφορά. Αυτές τις διαφορές της κρατά σε αδιαφορία και προσπαθεί να της ξεπεράσει.

Τα σημεία που ορίζει ο φιλελευθερισμός είναι τα εξής… (1) τρίπτυχη κοινωνική οργάνωση (κράτος οικονομία, οικογένεια), (2) την μονάδα πολιτική ανάλυσης το άτομο η την οικογένεια… μετά πάει κοινωνία, (3) το πολιτικό, (4) το υποκείμενο, (5) δικαιώματα και ελευθερίες, (6) το κράτος, (7) ισότητα, (8) ελευθερία, (9) το καλό. Οι δυάδες που ορίζουν το φιλελεύθερο υποκείμενο είναι … ισότητα/ διαφορά, ελευθερία/ ανάγκη, αυτονομία/ εξάρτηση, δικαιώματα/ εύθηνες, άτομο/ οικογένεια, προσωπικό ενδιαφέρον/ κοινωνικό ενδιαφέρον, δημόσιο, ιδιωτικό, σύμβαση/ συγκατάθεση.

Πολιτική… Brown

Η γενεαλογία ιδεών (Nietzsche/ Foucault) είναι πιθανά διαφορετικός τρόπος να παράγεις πολιτικούς στόχους. Η γενεαλογία δεν είναι σαν την πίστη, δέχεται και δευτερεύοντα στοιχεία στην πολιτική ζωή ακόμα και δεδομένα που προσδιορίζουν διαφορετικές πολιτικές αξίες. Έτσι με βάση αυτής της μεθόδου χτίζετε ένα θεωρητικό και ιστορικά συνειδητό μοντέλο κριτικής του τώρα που επαναλαμβάνετε ούτε σαν παγκόσμια νόρμα αλλά ούτε σαν πίστη.

Πρώτον, ο Nietzsche διερωτάται για τις καθημερινές αξίες που θεωρούνται αμετάλλακτες. Δεύτερον, το καλό θεωρείται και επικίνδυνο, το αντίθετο από το πώς έχει εκπροσωπηθεί. Τέλος, η γενεαλογία δίνει και την αντίθετη πορεία στην ιστορία, διερωτάται για την προοδευτική φορά των πραγμάτων και ρωτάει αν το παρών ζει εις βάρος του μέλλοντος αντί να το χτίζει. Ο Nietzsche έδειξε πως η επιθυμία και το ιδανικό και η αλληλεπίδραση τους οργανώνουν ιστορικά το υποκείμενο και την ιστορία. Οι επιθυμίες, αξίες και τα πολιτιστικά ιδανικά δεν είναι απλά πηγές αλλά αποτελέσματα της εξουσίας.

Ο Foucault ορίζει την γενεαλογία σαν να καθρεπτίζει την πράξη ως γεγονός όπως έφτασε μέσα από την κρίση και δύναμη. Έτσι το γεγονός της ύπαρξης της είναι εμπόλεμο, κάτι που πολεμά να βρει θέση και που δεν μπορεί να μεταθέσει σε άλλους θεσμούς στην ιστορία για να γίνει επικρατέστερη. Η γενεαλογία του έχετε σε αντίθεση με προοδευτικές ιστορίες και την μεταφυσική από την άλλη. Δείχνει έτσι πως όλες αυτές οι πράξεις/ πρακτικές είναι επηρεασμένες η μία από την άλλη. Αυτή η πρακτική γίνεται θετική για την φιλοσοφία που ενδιαφέρεται για ηθική ιστοριογραφία.

Η γενεαλογία δεν είναι μια μέθοδο για να προσδιορίσεις καλύτερα την αρχή η άρχουσα τάξη, αλλά η γενεαλογία δείχνει όλα τα προβλήματα που έρχονται στην πορεία της ιστορίας. Έτσι υπάρχει αντίθεση με την ιστορία του ξεκινήματος από την ιστορία της αγνής αλάνθαστης αρχής. Το πρώτο δεν είναι τελείως ακριβές, το δεύτερο φαντάζετε ότι ορίζει με νόημα το τέλος των γεγονότων. Έτσι είναι σωστό σε κάθε ανάλυση όπως είπε ο Fredric Jameson, 'πάντα ιστορία ποίησε.'

Ένα από τα ποιο σημαντικά στοιχεία της γενεαλογίας είναι να παρουσιάσεις ως αφύσικα τις υπάρχουσες δυνάμεις και οργανώσεις, να δείξεις πως θεσμοθετήθηκαν, υπάρχουν και παραμένουν, το βαθμό που δεν είναι απαραίτητες ή σταθερές σε νόημα. Τα πράγματα αποσυνθέτονται κάτω από γενεαλογική ματιά. Αυτή η μη αγνή ιστορία είναι αυτό που ο Nietzsche και ο Foucault αποκαλούν σαν ο 'μη χώρος', η 'αγνή διάσταση', ο 'χώρος σύγκρουσης.' Οι ιδέες της αναγνώρισης των γεγονότων και του πολιτικού γίγνεσθαι είναι αυτά που ορίζουν των διαφωτισμό. Έτσι η οντολογία ορίζει την φύση του παρόντος και την διάγνωση της. Η γενεαλογία είναι κορεσμένη από πολιτικά συμφέροντα και ανατρέπει 'νόμους της ιστορίας' με την ένδειξη μηχανισμού εξουσίας και σχέσης δυνάμεων. Αυτή η γενεαλογία από-φυσικοποιεί την δύναμη και της σχέση δυνάμεων που είναι βίαιες και από-φυσικοποιεί το παρόν για να δείξει πως δημιουργείται και γίνετε. Η γενεαλογία δεν προδιαγράφει πολιτικές θέσης ούτε επιθυμητά αποτελέσματα.

Η πολιτική αλήθεια τότε παύει να βρίσκετε μέσα σε μια θεωρία αλλά είναι αυτό που κάνει μια πρόταση για ηγεμονία στον πολιτικό χώρο. Αν η θεωρία δεν είναι πολιτικοποιημένη μπορεί πάντα να παραμένει γόνιμη, δημιουργική και αναγκαία σαν ο επεξεργαστείς αυτού του χώοου.

Βιασμός, Ρατσισμός, και ο Μύθος του Μαύρου βιαστή…. Davis

Μετά από χρόνια σιωπή, πόνο, και ενοχές, η σεξουαλική βία έχει γίνει μια από τις κύριες ιστορίες του καπιταλισμού. Μόνο μερικές γυναίκες μπορούνε να πουν ότι δεν έχουν ενοχληθεί σεξουαλικά (ακόμα και βιαστεί). Αν και οι βιαστές σπάνια φέρονται μπροστά στην δικαιοσύνη, το αντίθετο ισχύει για τους μαύρους άνδρες. (Οι περισσότεροι που έχουν εκτελεστεί για βιασμό είναι Μαύροι στην Αμερική.) Οι μαύρες γυναίκες σπάνια μπορούσαν να φέρουν άσπρους στη δικαιοσύνη [και είναι δύσκολο να μιλήσει κανείς για βιασμό μαύρου άνδρα/ μαύρης γυναίκας. *Δικιά μου παρεμβολή…* ΣΘ] Οι παθούσες μαύρες δε σπάνια βρίσκανε φίλους στην δικαιοσύνη ή στην αστυνομία. Έτσι υπήρχαν/ υπάρχουν λόγοι για συστηματικό ρατσισμό στο σύστημα.

Η ιστορία αυτού του ρατσισμού είναι δύσκολη και αιματηρή. Οι μαύρες ήταν θύματα συστηματικών βιασμών και οι μαύροι θύματα ρατσιστικής παραποιήσεις μπροστά στην δικαιοσύνη αλλά και μπροστά στους αφέντες που θα τους κρατούσε την θέση τους με την θανάτωση (lynching). Η θανάτωση των Μαύρων ως βιαστές είναι ένα από τα κύρια θέματα της απελευθέρωσης των μαύρων. Από το τέλος του 19 και αρχές του 20 (1889-1929) αιώνα ήταν περισσότερο αιματηρές οι θανατώσεις και έγιναν η βάση ανακτήσεις δικαιωμάτων όπως των τερματισμό των θανατώσεων.

Με το Βιετνάμ η στατιστική γύρω από συστηματικούς βιασμούς και τον ρατσισμό ήταν ιδιαίτερη. Ο βιασμός έγινε στοιχείο γενικής τρομοκρατίας. Έτσι από αυτές τις τακτικές καταλαβαίνουμε γιατί ο βιασμός είναι ανώνυμος. Πρώτον η εικόνα παραποιείτε. Οι μαύροι είναι φαινομενικά περισσότεροι και πιθανά θύματα λανθασμένης κρίσης. Δεύτερον, οι άσπροι δεν φέρονται εύκολα στην δικαιοσύνη. Τρίτον, πολύ βία δημιουργείται στην τριβή των δυο ομάδων που δεν είναι ακριβώς δύο αλλά γίνετε δυο μέσα από τον ρατσισμό. Τέταρτον, αυτή η βία εστιάζετε στον πιθανό δεσμό μαύρου με άσπρη και όχι το αντίθετο όπου οι μαύρες είναι θύμα βιασμών και δολοφονίας αν πουν το όχι.

Το γεγονός ότι δεν δηλώνονται οι βιασμοί είναι μυστήριο λοιπόν! Οι άσπροι βιασμοί/ παρενοχλήσεις πολλές φορές δεν έρχονται στην δημοσιότητα. Οι μαύρες γυναίκες είναι θύματα ιστορικού ρατσισμού της ιδεολογίας που τις αφήνει ανοιχτές στο βιασμό για οικονομικούς λόγους. Από την ταξική άποψη πολλοί βιαστές χρησιμοποιούν την δύναμη που τους δημιουργεί ως τάξη και τους υποστηρίζει να καλύπτουν τους βιασμούς που γίνονται. [Άσπρες γυναίκες της άρχουσας τάξης γίνονται θύματα... Είναι πολλές φορές σημαντικά θύματα γιατί αλλάζει η τάξη των πραγμάτων και αυτό είναι προβληματικό για τα λοιπά θύματα... ΣΘ] Η εργατική τάξη γυναικών έχει προβλήματα με την σεξουαλική βία και καταπίεση που δείχνει και εδραιώνει την αδυναμία τους και την οικονομική τους κρίση. Άνδρες της εργατικής τάξης παροτρύνονται στον βιασμό για να στηρίξουν την αρρενωπότητα τους, το δικαίωμα τους να δαμάζουν γυναίκες και την πατριαρχίας ως προ καπιταλιστικό σύστημα.

Όταν ανεβαίνουν οι αριθμοί των βιασμών αλλάζει και η εργατική δομή. Το αποτέλεσμα είναι ότι οι γυναίκες χάνουν μισθό και εργασία. Η σεξουαλική βία ακολουθείτο από οικονομική βία. Για να αποτραπεί ο βιασμός πρέπει να στηριχτούν οι έγχρωμες γυναίκες και τους αθώους τους ρατσισμού. Ο βιασμός θα συνεχίσει να υπάρξει αν ο καπιταλισμός χρησιμοποιεί τις γυναίκες ως σκαμνί, έτσι ώστε να μπορέσουμε να ξεφύγουν από πατριαρχικές και ρατσιστικές δομές του καπιταλισμού, (μονοπώλια π.χ.).

Φανταστικές και Κινηματογραφικές Προβολές...

Griggers

Οι λεσβίες ως δολοφόνησες ενδιέφεραν τον κινηματογράφο στην εποχή τέλη 1980 αρχές 1990 γιατί τότε το κράτος ανησυχούσε για τις εκτρώσεις και την εμπόλεμη κατάσταση των γυναικών. Η επικίνδυνη θηλυκότητα συσχετίστηκε με την όμοιο- ερωτικότητα και την γυναίκα θύτη. Αυτή η θηλυκότητα έδωσε ένα 'παράξενο' στίγμα στο παλιό σώμα θύτη. Έδειξε την κοινωνική βία και την παραγωγή ταυτότητας γένους.

Στην δεκαετία 1930/ 40 γέννησε την θεληματική γυναίκα θύτη, τη φάμμε φατάλ στο φιλμ νουάρ. Εκείνη έδειξε πως δημιουργείτε η νύφη που λογικεύει πάτρο-γραμμικά δικαιώματα στην περιουσία και επιβεβαιώνει το σύστημα του γάμου. Στην δεκαετία του 1950 και 60 η τηλεόραση ήρθε στο προσκήνιο με την οικονομική καταστροφή τον στούντιο και αναπαρήγαγε την φάμμε φατάλ. Την δεκαετία του 1970 ήταν θύμα αιμομιξίας αλλά είχε πολύ τραγικό τέλος. Σε αντιδιαστολή με της νεκρές η τραυματισμένες φάμμε φατάλ η δεκαετία του 90, οι θεληματικές γυναίκες είναι αποφασισμένες να σκοτώσουν και να επιβιώσουν.

Στην πραγματικότητα η στο παρασκήνιο βρέθηκε και η λεσβία κακοποιός Wuornos που σκότωσε άντρες που ζητούσαν σεξουαλικές χάρες αντί αμοιβή. Κατά κάποιο τρόπο η παρουσίαση της έγινε εμβληματική από την εικόνα των γυναικών που έχασαν ενδοιασμούς και θελαν να είναι κομμάτι της ζωής και του έχω αλλά δεν είχαν παραγωγικούς διόδους και γερές οικογένειες για να το πετύχουν. Εκείνη και άλλες σαν εκείνη ορίζουν την γραμμή μεταξύ του γίνεσαι λεσβία και γίνεσαι φονικό όπλο για να επιβιώσεις την ανδρική βία και τα κοινων.κά κατατόπια στα οποία βρίσκεσαι.

Παράδοση δέκα

Σπίτι, τόπος, πόλη, χώρος, κράτος, κόσμος

Από την Δρ. Σωτηρία Θεοχάρη

Του αφέντη τα εργαλεία δεν χαλούν του αφέντη

το σπίτι, Lorde

Τι σημαίνει να είσαι μια μαύρη λεσβία που έχει έρθει σε μια συγκέντρωση την τελευταία στιγμή μεταξύ δυο άλλων μαύρων γυναικών για να μιλήσουμε για τον φεμινισμό και την γυναικεία ύπαρξη και να ορίσουμε καλύτερα τον φεμινισμό την ετεροφυλία, τον ρατσισμό και την εξουσία; Τι σημαίνει επίσης να ξεφεύγεις από τα ρατσιστικά πατριαρχικά εργαλεία στην ανάλυση σου; Να ορίσεις την αλλαγή που είναι εφικτή και πραγματική. Να ορίσεις τον συσχετισμό λεσβίων και γυναικών που ταυτίζονται με γυναίκες και να ξεφύγεις από το πατριαρχικό μοντέλο της φροντίδας.

Να είμαστε αλληλένδετες μεταξύ μας είναι ο μόνος δρόμος για την ελευθερία που επιτρέπει και το εγώ και το υπάρχω. Η διαφορές μας είναι η δυναμικές και άψητες. Είναι σχέσης όπου η προσωπική μας δύναμη αντλείτε. Μέσα στην κοινότητα βρίσκετε η ελευθερία. Μια κοινότητα που επιβεβαιώνει της διαφορές μας. Ο ρατσισμός και η ομοφοβία είναι πραγματικές καταστάσεις. Πρέπει να αγγίξουμε αυτήν την τρομοκρατία μέσα μας να δούμε τι πρόσωπο φοράει. Τότε το προσωπικό ως πολιτικό θα φωτίσει της επιλογές μας.

Τι είναι ηθικός φεμινισμός.... Cornell

Υπάρχει θεωρητικός λόγος να καταλάβουμε την κατηγορία των γυναικών. Η έννοια της θηλυκότητας είναι χρωματισμένη μέσα από την ιεραρχία γένους και τους κανόνες της ετεροφυλικότητας. Πρέπει τότε να καταλάβουμε την σημαντική θέση της ψυχανάλυσης σαν κριτική της κοινωνικής πραγματικότητας και του υποσυνειδήτου αλλά και ως αναλυτικό και κριτικό εργαλείο που αναδεικνύει τους αρσενικούς κανόνες του συμβολικού και των ορίων της γλώσσας. Ο φεμινισμός συνδέετε με την φιλοσοφία γιατί μπορεί να φέρει την ανθρωπότητα μετά από τα όρια του άνδρα.   Το κύριο θέμα είναι να ξεφύγουμε από τα στερεότυπα του καλού και κακού για τους άντρες ως αναφορά τις γυναίκες.

Το τι είναι ηθικό στον φεμινισμό έχει να κάνει σχέση με τον λανθασμό (να χρησιμοποιείς το λάθος να γνωρίσεις την αλήθεια) και το αστείο/ τον θαυμασμό που σε βοηθάει να θαυμάζεις τα μυστήρια της ζωής/ φύσης. Το ηθικό τότε είναι αυτό που μπορείς εμπειρικά να προσδιορίσεις ως σωστό στην ηθικολογία. Το να μην αντιμετωπίζεις την διαφορετικότητα δεν είναι αρετή. Ο φεμινισμός δουλεύει μέσα στην σχέση πραγματικής ζωής και γένος- τροπικών σωμάτων/ ζώων.

Αυτοί που γίνονται άνδρες έχουν υποκειμενικότητα οργανωμένη γύρω από την φαντασία του πέους/ φαλλού. Με την συσχέτιση με τον πατέρα χάνουν σχέση με την μητέρα. Αυτή γίνετε η προϋπόθεση τους να γίνουν ανθρώπινοι. Η χαμένη σχέση με την μητέρα συμβολίζει την σχέση με την γυναίκα και με το Άλλο. Οι γυναίκες σαν άλλο τότε για τους άνδρες συμβολίζουν αυτό που δεν υπάρχει που είναι αρνητικό. Μεταξύ των εικόνων, των γυναικών ως πραγματικών και των ζωών μας ξανά-συμβολίζετε η γυναίκα. Οι φεμινιστές διώχνουν τα προβλήματα με την Λακανική θεωρία. Η έννοια της γυναίκας δείχνει της αντιφάσης στην ανδρική σκέψη.

Σώματα-πόλεις… Grosz

Το σώμα είναι η υλιστική βάση του υποκειμένου. Έτσι είναι ενδιαφέρον η σχέση της πόλης και του σώματος που δημιουργεί. Το σώμα είναι το πραγματικό, υλικό ζωντανό στοιχείο με όργανα, νεύρα και οστά. Και δίνει διάσταση στην ψυχική και κοινωνική ανάγνωση του και γραφή του επάνω στην επιφάνια του σώματος. Το σώμα γίνεται ανθρώπινο όταν ορίζετε από το υποκείμενο. Με την έννοια πόλη συμβολίζετε η πολύπλοκο και δυναμικό σύμπλεγμα που φέρνει μαζί πολλές κοινωνικές εργασίες, σχέσεις, καταστάσεις σε έναν γεωγραφικό και αρχιτεκτονικό χώρο.

Η σχέση μεταξύ της πόλης και του σώματος είναι εξωτερική. Το σώμα υπάρχει πριν από την πόλη αν και επανα-σχηματίζονται σε σχέση το ένα με το άλλο. Οι άνθρωποι φτιάχνουν την πόλη. Η πόλη αντικαθρεφτίζει την ανθρώπινη εμπειρία. Η πόλη δεν είναι αποτέλεσμα μόνο μυών και ενέργειας αλλά και συνείδησης/μυαλού. Η πόλη και το σώμα παραλληλίζονται όπως η πόλη και το κράτος όπως το σώμα και η κοινωνική οργάνωση. Η σχέση μεταξύ τους δεν είναι τυχαία ούτε αντιπροσωπευτική. Αλλά είναι συνδεμένα σαν ένα δια-προσωπείο. Το ένα καθρεπτίζει το άλλο. Δεν υπάρχει ιδανικός χώρος για το σώμα. Το περιβάλλον της πόλης ορίζει και δημιουργεί το σώμα.

Γυναίκες, Χώρα, Σπίτι…. Grozs

Η αρχιτεκτονική πολλές φορές δεν δέχεται την συγκεκριμένη σχέση της γυναίκας με το σώμα, την αυτονομία και την κοινωνική αξία. Η έννοια της χώρας μπορεί να βοηθήσει να ορίζει ένας γυναικείος τόπος για την δημιουργία του κοινωνικού κόσμου. Η χώρα ορίζετε από το κρατώ, φροντίζω και φέρνω στον κόσμο. Η χώρα είναι ο χώρος που ορίζει των τόπο. Και πιθανά συνδέετε με την μήτρα.

Οι άνδρες χτίζουν ένα κόσμο που σβήνει τα τις προσφορές της μητέρας/ γυναίκας. Έτσι κάνουν κενό το εξωτερικό τους και απαιτούν από τις γυναίκες να υποστηρίξουν αυτό το κενό. Οι άνδρες έτσι βλέπουν ότι δημιουργούνται από το μηδέν, από τον εαυτό τους χωρίς να χρωστάνε στην μητέρα και αφήνουν τον εαυτό τους και την γυναικά χωρίς σπίτι. Η έννοια του σπιτιού είναι ο χώρος που παράγει την ανδρική βία απάνω στα γυναικεία σώματα. Έτσι έχουν περιορίσει το σπίτι της γυναικάς στον τάφο αφού έχουν καταλάβει γη και ουρανό.

Ο περιορισμός της γυναίκας σε σπίτι που δεν δημιούργησε και που δεν δημιουργήθηκε για αυτήν είναι να είσαι σε σπίτι που δεν το ορίζεις, είναι ο χώρος της υποχρέωσης και των δουλειών που δεν έχουν κοινωνική αξία είναι ο χώρος που μηδενίζει το εγώ, χώρος βίας, και απομόνωσης. Τα γυναικεία σώματα τότε γίνονται δώρο στην φαλλική κατάσταση των ανδρών. Το σπίτι γίνετε χώρος μίσους και θανάτου. Η χώρα συμβολίζει την ανδροκρατική στρατηγική που κρατάει και αναπαράγει την σιωπή και τον μεταφορικό ορισμό την θηλυκότητας ως την προϋπόθεση τις ανδρικής ταυτότητας και πολιτιστικής παραγωγής.

Εθνικά Μη-κείμενα… Moruzzi

Ο ξένος είναι πάντα παρών στο έθνος. Το ξένο στοιχείο είναι παρόν στο προσωπικό εγώ και στην πιθανότητα να καταλάβουμε την αποξένωση μας. Στα Ευρωπαϊκά κράτη η σχέση με το ξένο στοιχείο είναι έντονη. Η ετερογένεια των εθνικών και πολιτικών κοινοτήτων είναι πραγματικότητα και είναι δύσκολη. Μια ιεραρχία του Montesquieu μπορεί να βοηθήσει εγώ, οικογένεια, παρτίδα, Ευρώπη. Ανθρωπότητα αφού η σκέψη είναι ότι η Ευρώπη πια εμπεριέχει την εθνική ταυτότητα. Ορισμένο απάνω στο σώμα πολιτικό και στην εθνική γλώσσα το έθνος-κράτος πρέπει να ορίζει και να διατηρεί την ιδιαιτερότητα του και την ταυτότητα του σαν υποκείμενο μέσα σε σχέσεις με άλλους.

Η θεσμοθέτηση της κρατικής ταυτότητας ακολουθείτε από την θεσμοθέτηση του ξένου. Το έθνος κράτος τότε ορίζετε σε σχέση με τους ξένους μέσα και έξω από τα σύνορα του. Έτσι δημιουργείτε πρόβλημα μεταξύ των δικαιωμάτων του ανθρώπου και τα δικαιώματα του πολίτη. Ο τωρινός κόσμος λειτουργεί η δυσλειτουργεί σαν σύστημα εθνών κρατών.

Η έννοια του μη-κείμενου είναι σημαντική. Με μη-κείμενο εννοώ αυτό το ξένο στοιχείο που δεν νοείτε απορρίπτετε. Το υποκείμενο, μη-κείμενο, ανακαλύπτει την απόρριψη του γιατί βάζει σε κίνδυνο την εθνική ταυτότητα. Το μη-κείμενο απορρίπτετε για να δημιουργηθεί ένα ολοκληρωμένο και ομοιογενές εγώ. Έτσι ο γνωστός ξένος ανακαλύπτετε φορές σαν επικίνδυνος για την εθνική ταυτότητα. Το μη-κείμενο αντιτίθεται τότε στο εγώ, στην ομοιογένεια του, στην γνώση του.

Ο τόπος στην φεμινιστική συζήτηση... Strathern

Η φεμινιστική έρευνα είναι γεμάτη από

απόψεις. Η πολλαπλή βάση της συζήτησης

δημιουργείται από την δια-τμηματική δομή της

και των εσωτερικών της δομών. Υπάρχουν

τουλάχιστον οι εξής θέσης φιλελεύθερος,

ριζοσπαστικός, Μαρξιστικός και Σοσιαλιστικός

φεμινισμός. Δεν έρχονται μαζί σε μια σύνθετη

θέση απλά συνυπάρχουν στην συζήτηση και

ορίζουν έναν κοινωνικό χώρο. Ο φεμινισμός τότε

γίνετε η κρίση και ο διάλογος. Ο πλουραλισμός

του φεμινισμού έχει δυσκολία τότε να

οραματιστή μια κοινωνία.

Οι διαφορές μεταξύ ατόμων γίνονται διαφορές μεταξύ ομάδων. Οι κοινωνίες που συμμετέχουν έχουν φυσικές διαφορές και ομοιότητες. Έτσι η κοινωνία παρουσιάζετε στο άτομο όπως η φύση στην κοινωνία δηλαδή ως πόρος. Η κοινωνία ενδιαφέρετε να ορίσει το άτομο που ξεπερνά της φυσικές ιδιοσυγκρασίες του και που ορίζει την ανθρώπινη κατάσταση. Το κακό είναι ότι το κοινωνικό και η ανθρώπινη κατάσταση ορίζετε από το ανδρικό φύλλο. Έτσι ο φεμινισμός έρχεται σε διάσταση με τη κοινωνία όταν αυτή είναι μονοδιάστατη. Ο φεμινισμός στην τελική είναι πολύφωνος.

Παράδοση ένδεκα

Παγκοσμιοποίηση και θεσμοί

Δρ. Σωτηρία Θεοχάρη

Οι κανονικές παραμέτρους του διάλογου και η
αρχές της κουλτούρας... Douglas

Η κουλτούρα δεν είναι τίποτα παρά ένα συλλογικό αποτέλεσμα. Η ιδέα της συλλογικής πράξης φαίνετε στα οικονομικά προβλήματα. Θα μιλήσουμε για την θεωρία της κουλτούρας και την θεωρία της λογικής/ ιδανικής επιλογής που πρέπει να προσδιοριστεί μέσα από μια ανάλυση της κουλτούρας. Η κουλτούρα τότε βοηθάει να προσδιορίσει το άτομο και της επιλογές του καλύτερα. Η οικονομική θεωρία δεν ορίζει το άτομο μέσα στην κοινωνία. Και πουθενά στην κοινωνική θεωρία δεν ορίζετε η σχέση ατόμων [βέβαια υπάρχει η θεωρία των συμβολικών αλληλένδετων-πράξεων και της κοινωνικής ψυχολογίας ΣΘ]. Έτσι το οικονομικό πρόβλημα είναι πως να οριστούν οι τιμές στις συναλλαγές και με ποιους όρους να οριστούν.

Να μιλήσουμε για κανονικούς κανόνες διαλόγου που ορίσουμε το κοινό καλό. Φτάνουμε σε ρητορικές στάσεις και τοπικά κριτήρια που εμπεριέχονται στην μη-αντίφαση. Πρέπει να οριστούν καλά οι αξίες και να ακούσουμε τον διάλογο για το πώς να προσδιορίσουμε μη-αγοραστική συμπεριφορά που είναι δύσκολο να καταλάβεις εντός της οικονομικής θεωρίας.

Η οικονομία δεν είναι απλά λογικές συναλλαγές και προσδιορίζουν λογικές μη-αγοραστικές συναλλαγές που ορίζουν την αποτυχία της αγοράς. Τα μη-αγοραστικά στοιχεία όπως τα κοινωνικά/ δημόσια αγαθά ορίζουν τα αγαθά που είναι ελεύθερης χρήσης και που δεν ξεχωρίζουν χρήστες. Ένα πιθανό δημόσιο αγαθό είναι ο στρατός που υποτίθεται καλύπτει τους πάντες [αλλά και εκεί υπάρχουν εξαιρέσεις για το ποιος συμμετέχει και ποιος καλύπτετε ΣΘ]. Οι οικονομία των δώρων μέσα στην θεωρία των δημόσιων αγαθών δεν βοηθά. Το κύριο θέμα είναι να οριστούν οι θεσμοί που αντιμετωπίζουν τα άτομα και το πώς προσδιορίσουν τον δημόσιο χώρο.

Μια τυπολογία κουλτουριάρικων τύπων δείχνει τις εσωτερικές διαμάχες μεταξύ ατόμων κοινωνικών μονάδων. Δείχνει μια συμπεριφορά προς την εξουσία και την έννοια του ατόμου που συνδέετε με την κοινωνική ομάδα. Η συλλογικότητα βασίζετε στη κοινή αγορά που υποστηρίζει τον διάλογο του κανονικού. Άμα δυναμώσουν οι συγκυριακές σχέσεις και δημιουργηθεί η ανάγκη και υποχρέωση του δώρου τότε η αγορά θα ενδώσει στην έννοια της συγγένειας, δεν θα υπάρχει το ιδιωτικό.

Είναι η δύση το παγκόσμιο μοντέλο για την
ανθρωπότητα…. Godelier

Η δυτικοποιήσει δεν έχει σχέση μονό με την εξάπλωση της δύσης γιατί είναι και κοινωνικό κατόρθωμα που κρατάει/ προφυλάσσει την πολιτική και κουλτουριάρικη/ εθνική ταυτότητα των λαών όπως με τον Βουδισμό και την ανατολή. Η δυτικοποιήσει απλώνετε αλλά όχι κάθε κομμάτι της δύσεις. Δεν είναι αντιγραφή και σίγουρα όχι με τον ίδιο ρυθμό επιτυχίας. Η δυτικοποιήσει είναι αποτέλεσμα τριών θεσμών και συμβόλων, του καπιταλισμού, της κοινοβουλευτικής δημοκρατίας και του Χριστιανισμού. Ο καπιταλισμός είναι αποτέλεσμα της αγοραστικής οικονομίας. Ο κοινοβουλευτισμός είναι κυβερνητικό σύστημα που είναι ρεπουμπλικανική ή συνταγματική μοναρχία για την παγκόσμια ελευθερία των πολιτών με ίσα δικαιώματα και εύθηνες απέναντι στον νόμο.

Η φυλή και το τι είναι φυλή είναι σημαντικό στη παγκοσμιοποίηση. Η φυλή οργανώνεται από συγγενικές ομάδες ενωμένες με τα κριτήρια κοινωνικής οργανώσεις και τρόπους σκέψης, με τον γάμο και την συμμετοχή στην άμυνα στην αναζήτηση πόρων. Οι φυλετικές κοινωνίες είναι διαφοροποιημένες. Η οργάνωση της κοινωνίας στην φυλή είναι βασισμένη στην συγγένεια και στην υπόταξη των γυναικών από τους άνδρες. Υπάρχει σχέση μεταξύ οικονομίας και συγγενείας μεταξύ πλούτου και αναπαραγωγής.

Στην Βαρούια, Νέα Γουινέα, η γυναίκα συναλλάσετε για άλλες γυναίκες. Το κράτος ορίζετε σαν εκείνη η εξουσία που είναι μακρινή και γίνετε σχεδόν ακόρεστος πόρος χρημάτων για βοήθεια που πρέπει να εκμεταλλευτεί. Η φυλή τότε έρχεται με σύγκρουση με το κράτος και τον Χριστιανισμό. Το κράτος γιατί δεν επιτρέπει τον πόλεμο μεταξύ φυλών και δημιουργεί τα δικαστήρια και τον Χριστιανισμό που δεν επιτρέπει θεότητες σαν τον ήλιο και την σελήνη. Διδάξει το χριστιανικό πόρισμα ότι όλοι οι άνθρωποι (άνδρες) είναι αμαρτωλοί.

Κανένας δεν αυτοκτονεί... Smith

Η διαφορά μεταξύ του αυτοκτόνησε και του σκότωσε τον εαυτό της είναι σημαντική. Αν και αναφέρονται στο ίδιο γεγονός το πρώτο δίνει πως το γεγονός νοείτε κοινωνικά, πως ορίζετε... το δεύτερο ονομάζει την πράξη που έγινε. Υπάρχει πάντα διαφορά μεταξύ του πως ορίστηκε το γεγονός για τους θεσμούς και το πώς βίωσε κάποιος τα δρώμενα.

Οι θεσμοί ορίζουν μια απρόσωπη και τυπική σχέση του γνωρίζω μέσα από την μηχανή του κράτους/ εξουσία. Η σχέση μεταξύ των θεσμικών και ιδεολογικών πρακτικών της εξιστορήσεις και των καθημερινών μορφών ομιλίας είναι σημαντική ως προς το ως αγκαλιάζουν την πραγματικότητα. Η καθημερινή φωνή είναι διαφορετική από την ιδεολογική γλώσσα των θεσμών που βάζει το γεγονός μέσα στις σχέσεις εξουσίας μέσα από της οποίες η πράξη σκοτώνω τον εαυτό μου μεταμορφώνετε σε αυτοκτονία.

Η πραγματική εμπειρία συνδέετε με την κρατική μηχανή, συνδέετε με την παραγωγή πληροφοριών, συνδέετε με την δουλεία των έξυπνων αναλυτών, που τότε επηρεάζουν με θεωρίες το πώς η κρατική μηχανή ορίζει τα γεγονότα. [Οι αναλυτές επηρεάζουν και το πως βιώνονται τα γεγονότα και αν/ πως αποφεύγονται... ΣΘ τοπολογίες] Ο κοινωνικός ερευνητής δεν ξεχωρίζει τον εαυτό του από το φαινόμενο. Αλλά προσδιορίζει τον κόμβο του φαινομένου που και εκείνη συμμετέχει στις σχέσεις που ορίζουν το κείμενο.

Αναλογίες για την πλουραλιστική κουλτούρα..

Strathern

Οι γενετικές σχέσης κάνουν την βιολογική συγγένεια. Η Αγγλική συγγένεια ξεχωρίζει την πραγματική και δοτική συγγένεια. Σήμερα το πρόβλημα με τους βιολογικούς γονείς είναι το κοινωνικό παιδί που πρέπει να γνωρίζει τους προγονές του. Έτσι τα άτομα αναπαράγουν άτομα. Αυτή είναι η μοντέρνα συγγένεια. Αυτή η συγγένεια ορίζετε και από την πρώτη στιγμή που μπορούμε να δούμε το μεγάλο-κύτταρο του παιδιού με τις ιατρικές τεχνολογίες. Το πώς απεικονίζουμε το μωρό είναι σημαντικό για τους Γκάυα (GAWA) το παιδί είναι φτιαγμένο από μητρικό αίμα και αντιπροσωπεύετε από ένα κανό. Οι Γκάυα είναι μητέρα-κεντρική κοινωνία. Οι σχέσεις μεταξύ των πολλαπλών σωμάτων γεμίζουν το κανό και γίνονται ένα σώμα έτσι το σώμα έχει πολλούς προγονούς μέσα του. Οι Γκάυα είναι προσεκτικοί για το τι κάνουν γνωστό ή το τι δείχνουν. Είναι σημαντική η σχέση κήπου και συγγένειας/ οικογένειας (clan)… 'μια γλυκοπατάτα στον κήπο ένα παιδί στην

οικογένεια.' Οι Μπαρούηα (Baruya) νομίζουν ότι

το παιδί έρχεται από τον πατέρα και είναι

πάτρο-κεντρικοί. Νομίζουν ότι η γυναίκα είναι

αντικαταστάτης του άντρα μέσα της. Οι γυναίκες

τότε είναι άνδρες με γυναικεία μορφή.

Οι Άγγλοι νομίζουν ότι η ζωή ξεκίνησε από μικρή ηλικία και ότι το έμβρυο είναι άτομο. Και ο τερματισμός της ζωής ενός ανθρώπου (ενήλικα) δεν τερματίζει το άτομο. Έτσι νομίζουμε ότι αν βρούμε τους προγονές μας ότι θα ολοκληρωθούμε ως άτομα. Για τους Τροβριάντες (Trobriands) και άλλες κοινωνίες στην Μάσσιμ (Massim) το άτομο ορίζετε από τις σχέσης του και μέσα από την ζωή του που καλλιεργεί αυτές τις σχέσης. Ο θάνατος δεν τελειώνει σχέσης. Οι άνθρωποι τις τελειώνουν. Όταν τελειώνει η ζωή το άτομο που δεν υπάρχει πια τελειώνει και οι σχέσης του τότε τελειώνουν. Αλλιώς ο πεθαμένος υπάρχει ακόμα για τους ζωντανούς. Η ζωή έχει κάθετη φορά και η σχέσης έχουν αποτελέσματα που διαρκούν για το μέλλον. Ο πεθαμένος χάνει την ατομικότητα του. Για τους Άγγλους ο θάνατος δεν τελειώνει το άτομο και της σχέσης του. Τότε το άτομο όταν κοιτάει πίσω έχει ολοένα και περισσότερους συγγενείς. Το όνομα περνιέται από τον έναν στον άλλο χωρίς να αντικατασταείτε κανείς. Για τους Άγγλους ο θάνατος γίνετε στο άτομο σαν μια ξεχωριστεί επεξεργασία.

Η αναπαραγωγή για τους Άγγλους είναι μέρος-γραφική (επεξεργασία/ γραφή ενός κομματιού σε ένα σύνολο). Η κουλτούρα και η φύση είναι την ίδια στιγμή διαφορετική και ίδια. Είναι σχέσεις που ερευνούνται μέσα από την συγκριτική μέθοδο. Είναι σχέση από άλλη οπτική γωνία. Η μερική σχέση αναδεικνύετε όταν κάτι ανήκει ή είναι κομμάτι από κάτι άλλο με το οποίο υπάρχει σχέση. Η κοινωνία είναι κομμάτι της ζωής είναι κομμάτι της συγγενείας. Το άτομο είναι κομμάτι της συγγένειας, της κοινωνίας και της φύσης και συμμετέχει σε όλες αυτές τις διαδικασίες.

Κάτω από την Δυτική Ματιά... Mohanty

Θέλω να μιλήσω για τον ορισμό της τριτοκοσμική γυναίκα ως ένα μοναδικό και μονολιθικό υποκείμενο. Ο ορισμός της αποικιοκρατίας (αποικιοποίησης/ colonization) είναι λογικός και επικεντρώνετε σε ένα συγκεκριμένο τρόπο κανονικό-ποίησης και εγγραφής στις μελέτες για τις γυναίκες και τον τρίτο κόσμο. Αυτές οι κατηγορίες δουλεύουν σε συγκεκριμένα γραπτά για το υποκείμενο που έχει διαφορετικά φεμινιστικά ενδιαφέροντα στην Νότια Αμερική και την Δυτική Ευρώπη. Αναλύω τον φεμινισμό που επικεντρώνει ετερογενείς κουλτούρες και ζωές γυναικών και παράγει ένα σύνθετο και μοναδικό υποκείμενο που δίνει έννοια στην δυτική ανθρωπιστική λογική. Η ανάλυση της σεξουαλικής διαφοράς ανά τον κόσμο δίνει μια εύκολη πατριαρχική εικόνα και μειώνει τις διαφορές σε ένα σταθερό και μη-ιστορικό μοντέλο. Οι δυτικές φεμινίστριες δεν μπορούν παρά να δουν/ τοποθετήσουν τον εαυτό τους σε σχέση με τον τρίτο κόσμο.

Η κριτική μου βασίζετε σε τρείς αναλυτικές προτάσεις. Πρώτον, ότι η θέση της κατηγορίας των γυναικών ορίζετε με βάση το περίγραμμα ανάλυσης. Δεύτερον, η απόδειξη της γενικότητας και της μέτα-κουλτουριάρικης επαλήθευσης δίνετε μεθοδολογικά. Τρίτον, το μοντέλο της εξουσίας και της κρίσης του δίνετε μέσα από δύο τρόπους η παράθυρα. Η ομοιο-ποίηση στην καταπίεση που οδηγεί στην σεξουαλική κακοποίηση και στον ορισμό ως τριτοκοσμική και στον αυτό-ορισμό των δυτικών ως μοντέρνες και ελεύθερες. Αυτή η σχέση είναι μαρξιστική… μεταξύ καλλιεργημένου και πραγματικού. Έτσι σε πολλές φεμινιστικές ανάλυσης οι γυναίκες είναι ορισμένες ως μία ομάδα, ένα σύνολο. Είναι ορισμένες λοιπόν ως κοινωνικά αντικείμενα. Η ανδρική βία πρέπει να οριστεί μέσα σε συγκεκριμένες κοινωνίες για να κατανοηθεί και να αλλάξει. Η αδελφικότητα των γυναικών δεν μπορεί να βασίζετε στο γένος αλλά σε συγκεκριμένες ιστορικές και πολιτικές

πρακτικές και αναλύσεις.

Οι 'γυναίκες' είναι ορισμένες μέσα από

την οικογένεια, τον εργασιακό χώρο, τον

εκκλησιαστικό και θρησκευτικό χώρο, σαν αυτοί

να προϋπήρχαν της σχέσης γυναικών με γυναικών,

γυναικών και αντρών. Οι γυναίκες παράγονται

μέσα από σχέσης με ανθρώπους και θεσμούς. Οι

γυναίκες ορίζονται/ τοποθετούνται ως ομάδα

μέσα σε δομές και δεν υπάρχει τρόπος να δούμε

τις επιρροές του γάμου και τις αλλαγές στης

σχέσης εξουσίας. Έτσι νομίζουμε ότι οι

γυναίκες προ-υπάρχουν από τις σχέσεις που

έχουν πριν μπουν σε συγγένεια. Οι γυναίκες

επηρεάζονται θετικά η αρνητικά με βάση επί-

κουλτουριάρικη σύγκριση. Οι πρακτικές

επηρεάζουν τις γυναίκες με βάση την ταξική

τους υπόσταση και γίνονται τάξη μέσα από

αλληλένδετων-επιρροών πολλαπλών θεσμών και

δομών.

<u>Χώρος-λογίες και Χρονολογίες του παγκόσμιου...</u>

<u>Sassen</u>

Το παγκόσμιο και το κρατικό συνδέονται μερικός με συγκεκριμένες χώρο-χρονικές διαστάσεις. Το παγκόσμιο τότε είναι μερικό αν και στρατηγικά έτσι τοποθετημένο στην πόλη. Το κράτος-έθνος ορίζει το δοχείο που υπάρχει το παγκόσμιο. Το έθνος κράτος είναι χώρο-χρονικές ενότητες που διαβρώνονται από παγκόσμιους θεσμούς μερικός. Μερικός στηρίζονται... τουλάχιστον οικονομικά.

Η παγκόσμια πόλη είναι το επίκεντρο. Οι πόλεις χαρακτηρίζονται από παγκόσμιες οικονομίες αλλά είναι εθνικά τοποθετημένες... θεσμικά και τοπογραφικά. Οι πόλεις σχηματίζονται από μεταξύ-πολεοδομικά συστήματα και συναγωνισμό. Έχουν κοινό εργατικό δυναμικό και οικονομικές/ καπιταλιστικές σχέσεις με βάση την εγχώρια και διεθνή αγορά. Το Λονδίνο έχει σχέση με το Τόκυο, έχει σχέση με την Νέα Υόρκη έχει σχέση με την Αθήνα. Έτσι οι διεθνής πόλης διευθύνουν της σχέσης μεταξύ κρατών.

Η οικονομική παγκοσμιοποίηση έχει τρεις συνιστώσες. Είναι στρατηγική. Είναι υλική και εθνική. Είναι τοπογραφική και σχετική. Ορίζει σχέσεις και χώρους. Υπάρχει τριβή μεταξύ του παγκόσμιου και του εθνικού/ κρατικού. Ένα στην ανάγκη του μερικού.. που τοποθετείτε το παγκόσμιο στο κρατικό χώρο και θεσμό. Δύο ένα σύστημα νόμος και διαχείρισης που ορίζει το εθνικό που έρχεται πολλές φορές σε σύγκρουση... με ένα την τακτική από-εθνικοποίηση και δύο την δημιουργία ιδιωτικών θεσμών που απορροφούν το μεταξύ κρατών σύστημα και επηρεάζουν διεθνής δομές.